JN099527

# 創薬ベンチャーに学ぶ
# プロモーション戦略

### オープン・イノベーションにおける
### コミュニケーション

TOMITA Kenji

# 冨田 健司 ●著

中央経済社

# はしがき

　私は，創薬ベンチャーの経営者から話を伺う機会が多く，新薬を開発することへのとても熱い思いを感じることが多い。薬の場合，開発することができれば，それまで治らなかった病気が治るようになったり，病気を患って不便な生活を送っている患者のQOL（Quality of Life）が改善することになるため，新薬開発が社会に与える影響は大きい。一つでも多くの新薬が開発されることを望み，そのためには一つでも多くの候補物質が生まれることが望ましい。しかし，それは簡単なことではなく，研究員の涙ぐましい努力や執念が必要とされる。新薬の開発には，長期の開発期間と多額の開発資金がかかるため，製薬企業はM&Aを行い，企業体力を強化することが世界で積極的に行われている。ほかにも，製薬業界では戦略的提携やオープン・イノベーションが広く行われており，近年，日本の製薬企業から「オープン・イノベーション」を企業戦略上のキーワードとして聞くことが多い。製薬企業のオープン・イノベーション化の波を受けて，業界では創薬ベンチャーの数が増加している。あるいは，創薬ベンチャーの数が増加したからこそ，製薬企業のオープン・イノベーション化が進んでいるともいえる。

　創薬ベンチャーはヒトやカネといった経営資源に限界があるため，すべての研究開発プロセスを実行するわけでなく，研究開発プロセスの途中で，候補物質を売却することを前提としている。研究開発の川上である基礎研究や探索研究に特化する事業の選択と集中を行っている。候補物質を売却すれば資金を手にすることができ，次の研究開発を行うことも可能となる。そうすることで，企業として経営を安定化させることができる。製薬企業も，候補物質を入手することで，新薬の上市に向けて，その後の研究開発プロセスを進めていくことが可能となる。そのため，売り手となる創薬ベンチャーも，買い手となる製薬企業もオープン・イノベーションであるライセンシングを望むが，その件数は

かなり少ない。双方がライセンシングを求めるのに，なぜライセンシングが実行されないのだろうか。

　そこにはいくつかの理由が存在する。私はこれまでに創薬ベンチャーの経営者や製薬企業のさまざまな人たちに対して，インタビューを積み重ねるなかで，創薬ベンチャーは商談におけるコミュニケーションの意識が低いこと，創薬ベンチャーは誰が潜在顧客であるのかよく分からないまま営業活動を行っていること，候補物質を売りたい創薬ベンチャーと候補物質を買いたい製薬企業とがうまく出会えていないこと，創薬ベンチャーと製薬企業とは実は互いに相手のことをよく知らないこと，などが分かった。これらは，すべてマーケティングに関する問題であり，多くの創薬ベンチャーはマーケティングへの意識が高いとはいえない。

　そこで，本研究では1つめの「創薬ベンチャーは商談におけるコミュニケーションの意識が低いこと」に着目し，定性的調査と定量的調査とから，商談におけるコミュニケーションの重要性を検証した。オープン・イノベーション研究において，コミュニケーションに着目した先行研究がないなかで，本研究はオープン・イノベーションにおけるコミュニケーションの重要性を指摘することができた。

　本研究では創薬ベンチャーに視点を向けたが，本研究で得られた結論は創薬ベンチャーだけに留まらず，技術志向型のさまざまなベンチャー企業に共通すると思われる。もちろん，業界ごとに特性があるのだろうが，マーケティングへの意識の低さ，コミュニケーションへの意識の低さは共通しているのではないだろうか。あるいは，重要性を感じつつも，ヒトやカネが限られるなかで，具体的に何をしたら良いのか分からず，思い切った対策をとることができていない企業も多いのではないだろうか。日本には，正直に真面目にコツコツと頑張っていれば報われるといった考え方が根付いており，私自身，日常生活においてそう信じているし，そう願っている。創薬ベンチャーの経営者も同様の考えを抱いている人は多いが，それでは製薬企業に気づいてもらえないことも多い。企業活動において，適切な顧客を見つけ出して，プレゼンテーションなど

のコミュニケーションをすることの重要性を認識しなければならない。

　本研究を行ったのは，私がブリティッシュコロンビア大学に滞在している間である。こちらではコミュニケーションへの意識やプレゼンテーションへの意識，さらには，物事を遂行する際にはまず戦略を立てることへの意識がきわめて高いことに気づかされる機会が多い。企業活動においてだけでなく，大学内における教員と学生の双方にもこうした意識が高く，この意識は，彼ら彼女らのこれまでの学校教育や日常生活のなかで深くすり込まれている。確かに，黙っていては誰も自分のことを知ってくれないので，適切な相手に対して，伝えたいことを明確に，要点を分かり易く示すことが重要である。相手に関心を持ってもらうようにするためには，相手にとってのメリットを考えて話をした方が良い。そのためには，コミュニケーションやプレゼンテーションの戦略を立てることが必要である。まず，目標達成のゴールを定め，それを達成するためにはどのようなコミュニケーションやプレゼンテーションが効果的だろうか，といった思考が望ましい。相手に評価，納得してもらうための戦略を立てることが要求される。そう考えていくと，本研究で得た結論は，企業活動だけでなく，私たちの日常生活においてもあてはまるのかもしれない。

　いずれにせよ，創薬ベンチャーなどベンチャー企業は，業界のオープン・イノベーション化の波に乗るチャンスであり，マーケティング，コミュニケーションへの意識を高める必要がある。もしかしたら，どの企業も「しっかりやっています」というのかもしれないが，第5章と第6章で，相対的にオープン・イノベーションが成功している企業と，そうでない企業とに分けて分析すると，コミュニケーションへの意識に差があることが分かった。自社のオープン・イノベーションの実績に満足していない企業は，いま一度，自社のマーケティング，コミュニケーション，さらには顧客との関係性を振り返って，現状の方法で良いのだろうか，もっと有効な方法はないのだろうか，と考えてみてはどうだろうか。本書がそのようなきっかけになれば幸いである。そして，企業のオープン・イノベーションの件数が増加していくことや，オープン・イノベーションから得られる企業の売上や利益が拡大していくこと，ひいてはそう

した企業の業績が伸びていくことを願ってやまない。

＊　　　＊　　　＊

　本研究は，2018年8月から2020年8月までの2年間，私がブリティッシュコロンビア大学（UBC：The University of British Columbia）に客員教授として滞在した成果の一つである。UBCでは中村政男先生（Prof. Masao Nakamura）に大変お世話になった。UBCで充実した研究生活を送ることができたのは先生のおかげである。いつも，先生にはとてもご親切，かつご丁寧に接していただいた。研究に対してとても真摯で，性格的に偉ぶったところがまったくなく謙虚であり，紳士であるため，研究者としても人としても非常に尊敬できる先生である。見習うべき点は非常に多く，今後もご指導を願いたい所存である。先生のおかげで，永谷敬三先生（Prof. Keizo Nagatani）や権並恒治元図書館員（Mr. Tsuneharu Gonnami）と交流させていただくこともできた。また，研究室ではJulian Dierkes先生と有意義な時間を過ごすことができた。

　これまでの私の研究生活を振り返ると，田内幸一先生（一橋大学），山下裕子先生（一橋大学），片岡一郎先生（慶應義塾大学），嶋口充輝先生（慶應義塾大学），恩藏直人先生（早稲田大学），清水　剛先生（東京大学），佐藤俊樹先生（東京大学），松原隆一郎先生（東京大学）と，とても素晴らしい先生方に指導教員，メンターとしてご指導をいただくことができた。研究に関する恩返しができたかと考えるとまだまだであり，今後，さらに研鑽していきたい。

　私の研究生活においては，公益財団法人医療科学研究所の存在がとても大きい。私が大学院生のとき，所長であった片岡一郎先生と嶋口充輝先生のご厚意で，この研究所で研究員として在籍させていただくことができた。そのご縁で，三村優美子先生（青山学院大学）にもお世話になることができた。この研究所では，戸田健二専務理事（エーザイ株式会社元常務執行役），福田英男さん（元エーザイ株式会社），中村秀子さん，五十嵐裕子さんにご支援をいただき続けている。研究で良いことがあったとき，行き詰ったときなど節々に，この研

究所を思い出すことは多い。同様に，エーザイ株式会社の存在も大きい。これまでにとてもたくさんの方々にインタビューをお願いしてきたが，どなたもお忙しいなか，貴重な時間を割いて，丁寧にご対応いただいた。あまりにも多くの方々にお世話になっているため，一人一人お名前をあげることはできないが，深く感謝する次第である。

　私の前任校である静岡大学と現勤務校である同志社大学の先生方にも感謝している。特に，静岡大学では土居英二先生，野方　宏先生，佐藤誠二先生，伊東暁人先生，同志社大学では歴代の学部長である志賀　理先生，植田宏文先生，今西宏次先生，上田雅弘先生のおかげで恵まれた研究環境に身を置くことができている。同じ経営学系の佐藤郁哉先生と研究室の廊下で話す研究，教育に関する会話は私の大きな学びとなっている。似た経歴を持つ丸茂俊彦先生との雑談から得られるヒントは数多く，近い研究領域の崔　容熏先生の研究力の高さにはいつも刺激を受けている。また，静岡大学と同志社大学での私のゼミ生たちにも感謝している。現役のゼミ生や卒業生たちから常に刺激を得ており，学ぶことは非常に多い。

　なお，本書の作成において，友人である久保亮一先生（京都産業大学）とゼミ生の前川璃奈さんに原稿を読んでもらい，率直な意見や指摘をいただいた。私にとってはとても有意義なコメントばかりであり，貴重な時間を割いてくれた二人には深謝いたしたい。

　株式会社中央経済社の酒井　隆副編集長にも御礼申し上げたい。出版事情の厳しいなか，今回も本書の出版に対して快く引き受けていただいた。いつも明るくご対応していただき，適切なアドバイスを頂戴することができたおかげで，原稿作成に悩むことなく，本書を作成することができた。

　他にも，一人一人名前をあげることができないが，日々，たくさんの方々にお世話になっている。

　最後になったが，私の家族にも深く感謝したい。

＊　　　＊　　　＊

UBCでの研究生活は充実していたが，新型コロナウイルス（COVID-19）により状況が変わってしまった。日常生活も非常事態宣言により大きく変わった。滞在中に，Darius，Martin，Manuel，Prasannaなど数人の親友と呼べる友人ができたが，そのうちの1人のMartinが年老いた母親が住む地方に引っ越さざるを得なくなってしまったことがとても気掛かりである。それまでは一緒にたくさんの平和な楽しい時間を過ごすことができ，彼は私にいつも親切にしてくれた。突然離れ離れになってしまったのは残念でならない。またいつの日か，笑顔で再開できる日を心待ちにしたい。

2020年夏　自然に囲まれたバンクーバーにて

冨田　健司

　本研究は，公益財団法人吉田秀雄記念事業財団から研究助成（2018年度～2019年度）を受けており，その成果をもとにしたものである。また，科学研究費基盤研究C「知識の取引を活性化させるマーケティング戦略の構築」（研究課題16K03959）（2016年度～2020年度）の成果の一部でもある。さらに，同志社大学商学会より出版助成を受けている。

# 目　次

はしがき

# 創薬ベンチャーのプロモーション とは

　これまでの企業のマーケティングにおいて，製品を販売するために広告や販売促進といったプロモーションが重要な役割を占めていることは明らかである。テレビをつけると自動車，食品，化粧品などのたくさんのCMが流れており，新聞を読むと住宅，時計，本・雑誌などの広告を容易に目にすることができる。われわれが普段の生活で目にしたり，体験するのは消費財を対象とした広告などのプロモーションであるが，生産財ではどうだろうか。生産財においては，大衆向けのテレビCMや新聞広告ではなく，業界紙など専門誌における広告が，広告活動の大半を占める。しかし，広告以上に，人的販売が企業のプロモーション活動の中心となることが多い。そこでは，営業担当者が顧客企業を訪問して，自社製品・サービスのセールスやニーズの聞き取りを行っている。つまり，消費財ではマスの顧客を対象にテレビCMなどで同一のプロモーションを行っているのに対し，生産財では営業といった人的販売に代表されるプロモーションにより，顧客企業ごとに個別対応を行っている。

　それでは，知識財はどうだろうか。知識財とは，企業が有する知識を製品・サービスとして販売するものである。知識財には小説などの文学や音楽作品，弁護士やコンサルタントなどが提供する専門的サービスもあれば，本研究で扱う創薬の候補物質などが該当する。さまざまな知識財が存在するため，創薬の候補物質に限定して議論を進めると，候補物質の多くは創薬ベンチャーと製薬企業との間で売買されており，企業間取引における生産財に近い。そのため，

生産財と同様に，候補物質の売買には，人的販売が企業のプロモーション活動の中心となる。

　では，創薬ベンチャーが知識製品を売ろうとするとき，どのようなプロモーション戦略をとれば良いのだろうか。創薬ベンチャーの知識製品とは，新薬のもととなりそうな候補物質のことであるが，創薬ベンチャーのビジネス・モデルとは，すべての研究開発を一社で完結させるのではなく，研究開発の川上である基礎研究や探索研究に従事し，新薬へと発展できそうな候補物質を見つけ出し，それを製薬企業などへライセンシングすることである。そうして，ライセンシングされた候補物質は買い手企業によって最終製品である新薬へと育てられていく。つまり，創薬ベンチャーは基礎研究や探索研究に特化する経営資源の選択と集中により，オープン・イノベーションを前提とした研究開発行動をとっているのである。そのため，研究開発プロセスの途中で，知識製品を売買する必要があるが，候補物質の新規性が高ければそれだけで売却できるという認識がかなり多数の創薬ベンチャーにあり，プロモーションへの意識が高いとはいえない。売却には，買い手との商談（交渉）が不可欠となるが，戦略として商談を捉えている企業は少ないし，この商談をマーケティングにおけるプロモーション活動として捉えている企業もきわめて少ない。

　マーケティングは４Ｐ理論（McCarthy, 1960）に基づいて考えられる機会が多く，４Ｐとは製品政策（Product），価格政策（Pricing），プロモーション政策（Promotion），流通政策（Place）のことである。ここで，創薬のライセンシングにおける４Ｐについて考えてみたい。まず，製品政策に関して，薬の開発は同一の薬効や成分のものを二番手，三番手として上市することが許されていないため，業界ではがんや関節リウマチ，アルツハイマー病，糖尿病といった大型新薬となりそうな分野で一番に開発することへの関心が高くなっている。創薬では製品開発イコール研究開発の意味合いが強く，製品政策の中心は研究開発となる。次に，価格政策に関して，候補物質とは製品化できそうというだけで，あくまでも候補でしかなく，また製品化された新薬がどれだけ売れるのかは分からないため，そのプライシングはきわめて難しい。売買する際

にある一定額を契約一時金として買い手が売り手に支払い，その後，買い手が
うまく製品化できた際に，その売上高の数パーセントをロイヤルティとして売
り手に支払うといった契約となることが多い。また，流通政策に関して，候補
物質は間に流通業者が仲介することもなければ，消費財のように小売店に陳列
されることもない。そのため，流通政策に関心が向けられることはない。最後
に，プロモーション政策に関して，創薬の場においては取引の前には必ず商談
（交渉）が行われるため，人的販売が重要となる。このように，マーケティン
グの４Ｐで見た場合，研究開発の中身については薬学・化学など専門的な内容
となり，プライシングは企業の機密事項であるため，ここではプロモーション
政策における人的販売について考えていこう。

　岸・田中・嶋村（2017）によると，プロモーション政策には広告，販売促進，
イベント・体験，PR，人的販売，ダイレクト・レスポンスといった要素があり，
その人的販売には販売プレゼンテーション，販売会議，インセンティブ・プロ
グラムといった具体的手段がある（図１-１）。候補物質のプロモーション政
策は，生産財と同様に企業間の取引のため，人的販売，特に人による営業が重
要となる。まず，販売プレゼンテーションにより，買い手の関心を引き上げ，
その後，売買契約締結に向けての商談（交渉）が行われる。図１-１では販売
会議が該当する。生産財の場合，売り手企業の営業担当者がそのすべての活動
を担うことが一般的だが，候補物質の場合，売買される候補物質は売り手企業
にとって機密情報の塊であり，売買価格の金額が大きく，かつロイヤルティな
ど複雑な問題が絡むため，商談は売り手の経営トップが担うことが多い。言い
換えれば，経営トップが担うということは，それだけこの商談は売り手企業に
とって重要だといえる。

　とはいえ，創薬ベンチャーの商談は難しい。なぜなら，１つめに，買い手で
ある製薬企業は，売り手と同様の研究を行っていることが多いからである。ラ
イバルでもある買い手に，自社製品の手の内を見せなければ，買い手がその価
値を評価することはできない。２つめに，候補物質とは知識製品であるため，
価値の本質的な部分は無形で目に見ることができず，価値を測ることは困難だ

図1-1　人的販売の具体的手段

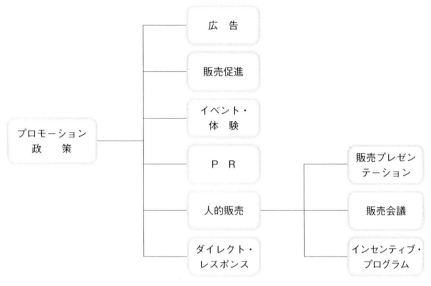

　からである。3つめに，その価値は明確でない場合も多く，文脈依存的である
ため，企業によってその価値の大きさは異なったものとなるからである。そう
したことが原因で，商談が上手くいかず手こずっている企業や，商談を当てに
せず商談への意識が低い企業の方が多い。何に意識して，どのような商談活動
を行えば，ライセンシングが上手くいくのであろうか。商談活動に必要な認識
や方策を導き出すことが本研究の目的だが，この問題を解くことも難しい。と
いうのも，創薬ベンチャーは知識製品を売ろうとするも，現状において上手く
売ることができていない企業の方が圧倒的に多く，成功例が少ないからである。
　日本などの先進諸国において，経済における知識の重要性が飛躍的に高まっ
ている。日本には，研究開発能力が高い企業は多く，高度な知識や技術を持つ
ことが企業としての発展につながってきた。知識資産の商業化はその企業に
とってはもちろんのこと，国の経済においても重要であるため（Hoegl and
Wagner, 2005；Podolny and Stuart, 1995），経済発展のためには，知識資産の

商業化が活発になっていくことが望ましい。しかし，多くの企業において知識資産の販売への意識はきわめて低い。特に，技術志向型の企業においてはなおさらである。最新で高度な知識や技術を追求することに忙しく，販売などのマーケティングに気が回らない企業は多い。あるいは，その必要性は感じつつも，具体的にどのようにしたら良いのか分からない企業も多いのではないだろうか。企業は無形資産である知識を製品として，その価値をどのようにプロモーションしていけば良いのだろうか。その際，どのように商談を進めていけば良いのだろうか。

　本研究では，創薬ベンチャーが知識製品を売ろうとするとき，そもそもプロモーションは必要なのか，そして必要な場合，どのようにプロモーション，特に商談を行っていけば良いのだろうかといった問題意識のもと調査を行うこととした。本研究で，このプロモーション政策の在り方について議論していくことは，創薬ベンチャーのみならず，技術志向型の企業において必要であるばかりか，知識製品の重要性が高まる日本経済においても急務な課題であると思われる。

　さて，本研究の構成は次のようになる。まず，第2章で新薬開発における研究開発の概要と創薬ベンチャーについて述べる。候補物質の売買とは，オープン・イノベーションであるため，第3章でオープン・イノベーションについて整理する。第4章で，売り手である創薬ベンチャーと，買い手である製薬企業に対してインタビュー調査を行い，第5章と第6章で，創薬ベンチャーに対して質問票調査を行う。第5章では仮説の設定とその検証を行い，本研究における調査の中心部分となる。第6章では，第5章の検証に用いなかったデータを分析することにより，創薬ベンチャーに対して経営上のインプリケーションを提示する。以上，本研究は売り手が買い手を探すアウトバウンド型のオープン・イノベーションに関する内容だが，第7章は，反対に買い手が知識を探すインバウンド型のオープン・イノベーションを扱い，補論的な位置づけとする。そして終章で，主に第4章と第5章の調査結果から本研究の結論を示すとともに，本研究の限界，今後の研究課題についても言及する。結論を先取りすると，

超技術志向型の創薬ベンチャーでも，商談活動において，コミュニケーションが重要である。コミュニケーションにおいて，顧客のニーズを把握し，それに対応することで，知識製品の追加・修正・再構築を行いながら，買い手が求める知識製品として仕立てていくことが重要である。それは知識が文脈依存の性格であったり，積み上げ式の性格であることから可能となる。

# 第 2 章

# 新薬開発

## 2-1　新薬開発のビジネス・モデル[1]

　製薬企業が販売する薬には主に「医療用医薬品」と「一般用医薬品」との2つの種類がある。医療用医薬品とは医師の指示に基づき，医療機関（病院や診療所）や調剤薬局などで患者に処方される医薬品のことである。一方，一般用医薬品とは薬局・薬店，ドラッグストアなどで消費者が自分の選択で購買する医薬品のことで「市販薬」や「OTC薬」とも呼ばれる。国内製薬産業の売上高比率を見ると，2018（平成30）年においては医療用医薬品が89.4％，一般用医薬品が10.4％となっている[2]。製薬企業のなかには一般用医薬品に特化した大衆薬メーカーと呼ばれる企業が存在するものの，大半の企業は医療用医薬品のウエイトがきわめて高い。そのため，製薬企業で行われている研究開発のほとんどは医療用医薬品に関するものである。

　さて，医薬品は患者の健康に直接大きな影響を及ぼし，副作用への懸念もあるため，研究開発は複雑で多額の資金を要する。多くの企業は多額の研究開発費を捻出するために，M&Aを繰り返し，企業規模を拡大してきた。**表2-1**に医療用医薬品に関する製薬企業の売上高順位が示されているが，上位企業に

---

1　本項の内容は，冨田（2014）をもとに作成している。
2　数値は厚生労働省の「平成30年薬事工業生産動態統計年報」による。ほかに，配置用家庭薬が0.2％ある。

表2-1 医療用医薬品に関する製薬企業の売上高順位（2018年）

| 順位 | 企業名 | 売上高 | 順位 | 企業名 | 売上高 |
|---|---|---|---|---|---|
| 1 | ファイザー（米） | 50,042 | 11 | ギリアド・サイエンシズ（米） | 22,127 |
| 2 | ロシュ（スイス） | 44,864 | 12 | イーライリリー（米） | 21,413 |
| 3 | ノバルティス（スイス） | 44,751 | 13 | アストラゼネカ（米） | 21,049 |
| 4 | ジョンソン・エンド・ジョンソン（米） | 40,734 | 14 | バイエル（独） | 19,762 |
| 5 | メルク（米） | 37,689 | 15 | テバ（米） | 18,854 |
| 6 | サノフィ（仏） | 35,170 | 16 | 武田薬品工業（日） | 18,323 |
| 7 | アッヴィ（米） | 32,753 | 22 | アステラス製薬（日） | 11,769 |
| 8 | グラクソ・スミスクライン（英） | 30,806 | 25 | 第一三共（日） | 7,758 |
| 9 | アムジェン（米） | 23,747 | 27 | 大塚ホールディングス（日） | 7,361 |
| 10 | ブリストル・マイヤーズ（米） | 22,561 | 29 | エーザイ（日） | 4,859 |
| | | （百万米ドル） | 30 | 中外製薬（日） | 4,755 |

（百万米ドル）

（出所）Monthlyミクス 2019年版より作成

は複数回のM&Aにより，巨大化していった企業も多い。

　次に，研究開発費（**表2-2**）を見ると，売上高順位の上位企業はやはり研究開発費でも上位にいることが分かる。売上高研究開発費比率を見ると20％を超える企業も多く確認することができ，売上高研究開発費比率が増加傾向にあることは『薬事ハンドブック2019』に記されている。経済産業省「企業活動基本調査確報」によると，日本の製造業の売上高研究開発費比率の平均は5.02％（2018年度）であるため，20％ほどもある製薬企業の割合はきわめて高いといえる。

　各企業ともこうした巨額の研究開発費を要するのは，イノベーティブな新薬を開発できれば，売上が約束され，多額の利益を享受することができるからである。年間に10億ドル（約1,100億円，1ドル＝110円で換算）以上の売上高を誇る医薬品を，業界では「ブロックバスター」と呼んでおり，企業は**表2-3**のようなブロックバスターの開発に努めている。1位のヒュミラ（抗リウマチ薬）は1剤だけで1年間に199億ドル（約2兆1,900億円）も売り上げている。**表2-3**以外にも，世界では100個以上の医薬品がブロックバスターである。

## 表2-2　研究開発費の順位（2018年）

| 順位 | 企業名 | 研究開発費 | 売上高研究開発費比率 | 順位 | 企業名 | 研究開発費 | 売上高研究開発費比率 |
|---|---|---|---|---|---|---|---|
| 1 | ロシュ（スイス） | 12,339 | 21.3 | 11 | アストラゼネカ（英） | 5,932 | 26.9 |
| 2 | ジョンソン・エンド・ジョンソン（米） | 11,901 | 14.6 | 12 | セルジーン（米） | 5,673 | 37.1 |
| 3 | アッヴィ（米） | 10,753 | 32.8 | 13 | グラクソ・スミスクライン（英） | 5,178 | 12.6 |
| 4 | メルク（米） | 9,752 | 23.1 | 14 | ギリアド・サイエンシズ（米） | 5,018 | 22.7 |
| 5 | ノバルティス（スイス） | 9,074 | 17.5 | 15 | アムジェン（米） | 3,737 | 15.7 |
| 6 | ファイザー（米） | 8,006 | 14.9 | 16 | ベーリンガーインゲルハイム（独） | 3,734 | 18.1 |
| 7 | イーライリリー（米） | 7,291 | 29.7 | 17 | 武田薬品工業（日） | 3,318 | 17.6 |
| 8 | サノフィ（仏） | 6,955 | 17.1 | 22 | 大塚ホールディングス（日） | 1,947 | 16.7 |
| 9 | ブリストル・マイヤーズ（米） | 6,345 | 28.1 | 24 | アステラス製薬（日） | 1,880 | 16.0 |
| 10 | バイエル（独） | 6,191 | 13.3 | 25 | 第一三共（日） | 1,835 | 21.9 |
| | | （百万米ドル） | （%） | 27 | エーザイ（日） | 1,305 | 22.5 |
| | | | | 29 | 中外製薬（日） | 894 | 17.1 |

（百万米ドル）　（%）

注）研究開発費は企業全体の額であるため，売上高研究開発費比率の算出には，医療用医薬品の売上高ではなく，総売上高を用いた。
（出所）Monthlyミクス 2019年版より作成

## 表2-3　医薬品の売上高順位（2018年）

| 順位 | 製品名 | 製造企業 | 薬効 | 売上高 |
|---|---|---|---|---|
| 1 | ヒュミラ | アッヴィ（米） | 抗リウマチ薬 | 19,936 |
| 2 | レブラミド | セルジーン（米） | 抗がん剤 | 9,685 |
| 3 | キイトルーダ | メルク（米） | がん免疫療法薬 | 7,171 |
| 4 | ハーセプチン | ロシュ（スイス） | 抗がん剤 | 7,124 |
| 5 | アバスチン | ロシュ（スイス） | 抗がん剤 | 6,989 |
| 6 | マブテラ/リツキサン | ロシュ（スイス） | 抗がん剤 | 6,890 |
| 7 | オプジーボ | ブリストル・マイヤーズ（米） | がん免疫療法薬 | 6,735 |
| 8 | エリキュース | ブリストル・マイヤーズ（米） | 抗凝固薬 | 6,438 |
| 9 | プレベナー | ファイザー（米） | ワクチン | 5,802 |
| 10 | レミケード | ジョンソン・エンド・ジョンソン（米） | 抗リウマチ薬 | 5,326 |

（百万米ドル）

（出所）Monthlyミクス 2019年版より作成

新薬開発では，他社よりいかに早く新薬を開発して，特許を取得するかという競争が熾烈になっている。それは，ある企業が先に特許を取得すると，類似した薬効や成分の特許を別の企業が追随して取得することはできず，同様の内容の薬を販売することもできないからである。さらに，開発した新薬は20年の期間，特許で守られるため，後発企業の追随による利益の圧迫を被ることなく，開発者利益を独占することができるからである[3]。つまり，新薬開発は極端な先発優位の法則が働き，他の製品のように後発戦略として二番手，三番手に追随していくことが許されていない。ブロックバスターと呼ばれる大型新薬を開発することができれば，1つの新薬で多額の利益を特許期間にわたって獲得することができるというのが，新薬開発のビジネス・モデルなのである。

## 2-2　研究開発の特徴

### 2-2-1　複雑なプロセス

　自動車や電機などの製品は数百から数万もの特許が集まり，1つの完成品となるが，医薬品はわずか1つの物質特許からなり，製法特許などを加えても2つほどの特許で医薬品ができてしまう。そのため，医薬品は一見したところ単純な製品に思えるが，研究開発のプロセスは複雑をきわめる（Pisano, 2006）。それは，医薬品は人間の生命や健康に直接大きな影響を及ぼすため，開発の過程で厳しい規制を課されているからである。

　研究開発の複雑なプロセスは**図2-1**に示される。探索研究と前臨床試験を行った後，物質特許を取得し，その後，臨床試験を経て新薬の承認を申請する。

---

3　特許期間は，審査に申請した出願日からカウントされるため，審査申請から特許を取得するまでの期間は，企業にとって利益を得ることができない期間となってしまう。そして，特許を取得してもすぐに新薬として上市できるわけではなく，それから臨床試験を行わなければならない。臨床試験において10年ほどの開発期間を要することも多く，その後，上市となると，当該医薬品が市場において特許で守られるのは，わずか10年ほどの期間となってしまう。それでは開発者利益を十分に享受することができないため，特許期間を最長5年間，延長することができる。この場合，特許期間は25年となる。

図2-1　新薬の研究開発プロセス

| 探索研究 | ・新しい化合物の作成<br>・天然物から物質の抽出<br>・候補化合物（リード化合物）の発見<br>・スクリーニング | 2～4年 |
| 前臨床試験 | ・薬効薬理試験　・薬物動態試験<br>・安全性薬理試験　・一般毒性試験<br>・特殊毒性試験　・生化学的研究<br>・剤形の研究　・治験届 | 3～5年 |
| 臨床試験 | ・フェーズⅠ（第一相試験）：少数の健康人<br>・フェーズⅡ（第二相試験）：少数の患者<br>・フェーズⅢ（第三相試験）：多数の患者<br>・承認申請 | 3～7年 |
| 承認申請・審査 | ・中央薬事審議会（調査会・特別部会・常任部会）<br>・承認・認可<br>・薬価基準収載 | 1～2年 |
| 追跡調査 | ・発売<br>・市販後調査<br>・再審査 | 4～6年 |

（出所）長尾（2009），野口（2003）より作成

最初の探索研究とは新薬のもとになる候補化合物を探し出す研究であり，主な作業は化合物の合成とスクリーニングである。医薬品は酵素や受容体などターゲットとなるタンパク質に結合し，その機能を調整することで効果が生じる。つまり，「タンパク質の○○の機能を調整することで，十分な安全性をもって疾患××の治療を行える」という仮説を立てるところから，創薬活動が始まる。次の前臨床試験では，候補化合物について，動物や培養細胞を対象に実験データを収集していく。ここでは有効性と安全性を確かめる薬効・薬理試験や毒性試験が中心である。これを終えると，候補化合物の物質特許を取得するとともに，臨床試験の開始を申請する（治験届）。臨床試験は，新薬の候補となるものを人へ投与する段階であり，フェーズⅠ，フェーズⅡ，フェーズⅢと3つのプロセスに分かれている。特にフェーズⅢでは膨大な量のデータを集めなければならないため，5年以上の年月がかかることが一般的である。この臨床試験

がうまくいくと，新薬としての承認申請を行い，認可されれば，新薬として上市することができる。

　このように，新薬の開発にはたくさんのプロセスがあり，有効性と安全性とを証明しなければならないため，長期の期間と多額の資金とを要する。具体的に，1つの新薬を創るには10年以上の期間と1,000億円以上の金額を要することが指摘されている（DiMasi, Hansen, and Grabowski, 2003；Paul, et al., 2010；長洲, 2012）。実際には，20年ほどの期間がかかる場合も多い。

　探索研究と前臨床試験がR&DでいうところのR（研究）の部分であり，臨床試験がD（開発）の部分である[4]。また，探索研究から臨床試験のフェーズⅡの前期までを創薬活動として限定することもある。なぜなら，フェーズⅡの後期以降は特に長期の期間と多額の資金を要するものの，プロトコル（治験実施計画）に沿ってデータを集めればよく，試行錯誤することは少なくなるからである。創薬活動は成功確率の低さが著しく，これについては項を変えて説明したい。

## 2-2-2　成功確率の低さ

　新薬開発における最終的な成功は新薬を上市することであるが，研究開発には探索研究，前臨床試験，臨床試験といった3つの大きなプロセスがあり，それぞれ確率が低いため，次のプロセスに移行する確率を段階成功確率として表すことが多い。**表2-4**に，国内大手製薬企業約20社による化合物の作成個数，前臨床試験に進んだ化合物の個数，臨床試験に進んだ化合物の個数，新薬の承認取得となった化合物の個数が5ヵ年の累計で示されている。これを見ると，まず，探索段階から前臨床試験に移行できる確率が4,000分の1ほどときわめて低いことが分かる。表に記載されている2000年から順に見ると，だんだんと

---

　4　榊原（2005）によると，研究開発のプロセスは川の流れに例えられ，上流には基礎寄りの研究があり，下流には応用研究と開発研究とがある。基礎寄りの研究とは，主として科学者や研究者による好奇心ベースの活動であり，知識の獲得それ自体が活動の狙いとなる。一方，応用研究と開発研究では，主に技術者や開発担当者が中心となり，有用なものを作ろうとする目的志向的・成果試行的な活動である。

表2-4 日本における新薬開発の成功確率（化合物医薬品）

| 年度 | 開発段階別化合物数（5ヵ年累計） | | | | 段階成功確率（5ヵ年累計） | | |
|---|---|---|---|---|---|---|---|
| | 合成化合物 | 前臨床試験開始 | 国内臨床試験開始 | 承認取得（自社） | 探索研究→前臨床試験 | 探索研究→臨床試験 | 探索研究→承認取得 |
| 2000〜2004 | 463,961 | 215 | 127 | 36 | 1：2,158 | 1：3,653 | 1：12,888 |
| 2001〜2005 | 499,915 | 197 | 97 | 32 | 1：2,538 | 1：5,154 | 1：15,622 |
| 2002〜2006 | 535,049 | 203 | 73 | 27 | 1：2,636 | 1：7,329 | 1：19,817 |
| 2003〜2007 | 563,589 | 202 | 83 | 26 | 1：2,790 | 1：6,790 | 1：21,677 |
| 2004〜2008 | 611,576 | 199 | 81 | 24 | 1：3,073 | 1：7,550 | 1：25,482 |
| 2005〜2009 | 652,336 | 203 | 75 | 21 | 1：3,213 | 1：8,698 | 1：31,064 |
| 2006〜2010 | 673,002 | 216 | 83 | 22 | 1：3,116 | 1：8,108 | 1：30,591 |
| 2007〜2011 | 704,333 | 219 | 85 | 26 | 1：3,216 | 1：8,286 | 1：27,090 |
| 2008〜2012 | 742,465 | 198 | 71 | 25 | 1：3,750 | 1：10,457 | 1：29,699 |
| 2009〜2013 | 728,512 | 201 | 68 | 25 | 1：3,624 | 1：10,713 | 1：29,140 |
| 2010〜2014 | 712,040 | 190 | 74 | 29 | 1：3,748 | 1：9,622 | 1：24,553 |
| 2011〜2015 | 703,397 | 165 | 70 | 28 | 1：4,263 | 1：10,049 | 1：25,121 |
| 2012〜2016 | 674,850 | 151 | 62 | 26 | 1：4,469 | 1：10,885 | 1：25,956 |
| 2013〜2017 | 624,482 | 146 | 65 | 24 | 1：4,277 | 1：9,607 | 1：26,020 |

注）製薬協研究開発委員会メンバー国内企業から抜粋した約20社のデータで，5年ごとの累計である。
　　段階成功確率は，開発された化合物が前臨床試験や臨床試験など次のプロセスに移行した確率である。
（出所）厚生労働省「平成30年薬事工業生産動態統計年報」，日本製薬工業協会 DATABOOK 2019

この成功確率は低くなっている。たとえば2013年から2017年の期間を見てみると，探索段階における成功確率（探索段階から前臨床試験への成功確率）は624,482分の146，つまり4,277分の1である。そして，前臨床試験における成功確率（前臨床試験から臨床試験への成功確率）は146分の65，つまり2.25分の1，臨床試験における成功確率（臨床試験から承認取得の成功確率）は65分の24，つまり2.71分の1である。これらから，探索段階における成功確率が格段に低いことは明らかである。そして，探索段階で合成化合物を創り，新薬の承認取得を得るまでの確率は30,000分の1ほどであることも分かる（624,482分の24は26,020分の1）。以上から，研究開発の大半が失敗に終わり，成功するのはき

わめて低い確率であること，なかでも探索段階における成功確率が格段に低いことが明らかとなった。

## 2-2-3　バイオ医薬品

　前々項（2-2-1）と前項（2-2-2）における内容は，化合物（低分子）医薬品に関してである。化合物（低分子）医薬品とは，化学合成技術を活用したものや，天然物由来の成分のものである。これに対し，1980年代から，遺伝子組み換え技術や細胞培養技術などバイオ・テクノロジーを利用したバイオ医薬品が研究され，近年，その比重が高まっている。たとえば，医薬品の売上高順位（表2-3）の上位に位置するヒュミラ（抗リウマチ薬）やレブラミド（抗がん剤）など大半の薬がバイオ医薬品である。そのため，バイオ医薬品についてまとめておこう。

　経済産業省製造産業局による「バイオ・イノベーション研究会報告書」（2010年6月）は，化合物（低分子）医薬品とバイオ医薬品とについて分かり易く説明している。化合物（低分子）医薬品では，これまでに循環器系疾患や生活習慣病に関して治療貢献度の高い医薬品の開発に成功してきた。これらの疾患領域の開発は引き続き重要だが，既存医薬品の満足度はかなり高いため，それ以上の価値をもたらす新薬の開発はとても難しい。一方，バイオ医薬品は，既存の治療や医薬品の満足度が低い領域（アンメット・メディカル・ニーズ）を主に対象としている。アンメット・メディカル・ニーズとは，現在の医療レベルでは有効な治療薬は無いが，治療薬が強く望まれる領域のことであり，がんや関節リウマチ，アルツハイマー病などにおいて，アンメット・メディカル・ニーズが明確である。

　バイオ医薬品の特徴は，開発や製造に高い技術を要する反面，化合物（低分子）医薬品では対応できない，がんや関節リウマチなどの疾患領域を得意とし，副作用が少ないことである。また，バイオ医薬品の研究開発プロセスは従来の化合物（低分子）医薬品とは異なること，培養法が未確立で品質管理が困難であること，さらには遺伝子工学やゲノム科学など周辺の高度な知識も要するこ

となど専門知識を必要とするため，専門知識に特化したバイオ・ベンチャーが新薬開発に参入し易い。そうしたバイオ・ベンチャーの多くはがんや関節リウマチ，アルツハイマー病などのアンメット・メディカル・ニーズを目指すため，たくさんの企業がきわめて類似した研究を行い，熾烈な開発競争が繰り広げられている。

　化合物（低分子）医薬品に関する新薬開発の成功確率（**表2-4**）に対して，バイオ医薬品に関する新薬開発の成功数は**表2-5**に示される。**表2-5**も国内大手製薬企業約20社の総数であるが，化合物（低分子）医薬品と違い，探索段階における作成の数を把握することは難しい。**表2-5**は，抗体医薬とそれ以外のバイオ医薬品（核酸医薬，ペプチド医薬など）とに分けて示されており[5]，どちらも承認を取得した（新薬として認可された）件数はきわめて少ない。また，どちらも前臨床試験開始の数は近年増加しているものの，特に核酸医療やペプチド医薬などの臨床試験開始の数が少ない（前臨床試験から臨床試験への成功確率が低い）ことが分かる。業界の認識としては，バイオ医薬品の開発も，物質の作成から考えると成功確率は30,000分の1ほどでしかなく[6]，化合物（低分子）医薬品と同様である。また，開発期間に10年以上を要し，1,000億円以上の開発資金がかかることも同様である。バイオ医薬品の開発により，バイオ・ベンチャーの参入は著しくなったが，創薬活動の難しさは変わっていない。

---

5　経済産業省製造産業局の「バイオ・イノベーション研究会報告書」（2010年6月）によると，抗体医薬，核酸医薬，ペプチド医薬，タンパク医薬の違いは次のようである。1つめの抗体医薬とは，疾患の原因となるがん細胞などに選択的に結合して，疾患を治療する医薬品である。抗体医薬市場の半分以上はがんが対象疾患であり，次に多い関節リウマチ領域は市場の3割程度あるため，抗体医薬のほとんどががん関節リウマチを対象としている。2つめの核酸医薬とは，遺伝子発現を調整し，特定の体内分子のみに作用するなど多様な機能を持つ，核酸を利用して作られる医薬品である。がん，感染症，循環器などが対象疾患である。3つめのペプチド医薬とは，アミノ酸が連続した構造を持つペプチドを利用して，人体の生理活性物質を人工的に作った医薬品である。抗HIVウイルス薬，血栓溶解剤，抗菌剤，慢性疼痛治療薬などが開発されている。4つめのタンパク医薬とは，本来，生体が持っており，重要な生体機能を担うタンパク質分子を人工的に大量生産したもので，タンパク質を原料とした最も古いタイプのバイオ医薬品である。糖尿病治療薬のインスリンやウイルス性肝炎治療薬のインターフェロンが代表的な薬として挙げられる。

6　化合物（低分子）の新薬開発では「候補化合物」というが，バイオでは「候補物資」と呼ぶ。最近では両者を合わせ，「候補物質」と表現されることが多いため，本研究でも「候補物質」と示す。

表2-5　日本における新薬開発の成功数（バイオ医薬品）

| 年度 | 抗体医薬 | | | | 核酸医薬，ペプチド医薬など | | | |
|---|---|---|---|---|---|---|---|---|
| | 集計企業数 | 前臨床試験開始 | 国内臨床試験開始 | 承認取得（自社） | 集計企業数 | 前臨床試験開始 | 国内臨床試験開始 | 承認取得（自社） |
| 2012 | 22社 | 5 | 1 | 0 | 22社 | 2 | 0 | 0 |
| 2013 | 21社 | 8 | 1 | 0 | 21社 | 2 | 2 | 0 |
| 2014 | 21社 | 5 | 2 | 1 | 21社 | 1 | 0 | 1 |
| 2015 | 25社 | 11 | 2 | 0 | 25社 | 5 | 1 | 0 |
| 2016 | 22社 | 10 | 3 | 0 | 22社 | 6 | 0 | 0 |
| 2017 | 22社 | 14 | 4 | 0 | 22社 | 16 | 1 | 0 |
| 合計 | | 53 | 13 | 1 | | 32 | 4 | 1 |

注）製薬協研究開発委員会メンバー国内企業から抜粋した約20社のデータで，2012年度から
　　調査開始
（出所）厚生労働省「平成30年薬事工業生産動態統計年報」，日本製薬工業協会 DATABOOK
　　2019

　さて，バイオ・ベンチャーの種類に関して小田切（2006）は創薬型，創薬シーズ探索型，リサーチツール型，支援サービス型の4つに分けている（**図2-2**）。1つめの創薬型は，大学等の研究機関の研究シーズをもとに起業したり，共同研究やライセンス・イン（導入）をして，自社研究を加えて，新薬の候補物質に仕上げ，大手製薬企業にライセンス・アウト（供与）をする。2つめの創薬シーズ探索型は，創薬そのものではなく，候補物質へのシーズとなる材料を探索・発見し，創薬ターゲットの特定をする。3つめのリサーチツール型は，製薬・バイオ関連企業が研究開発に用いる機器類，材料，ソフトウエアなどの生産，販売を行う。4つめの支援サービス型は，製薬・バイオ関連企業が行う研究開発をさまざまな形で支援するサービスを提供する。さらに，バイオ・ベンチャーには創薬だけでなく，農業や食品に関する企業も含まれる。このうち，創薬型と創薬シーズ型が創薬パイプライン型（創薬のパイプラインに乗せる候補物質を発見する企業のこと）といえる。

　高鳥（2009）によると，創薬ベンチャーは2002（平成14）年以降，著しい成長を示しており，創薬ベンチャーの売上高の90%がバイオ医薬品である。その

図2-2　創薬ベンチャーとバイオ・ベンチャーとの関係

| 創　薬　型 |
| 創薬シーズ探索型 |
| リサーチツール型 |
| 支援サービス型 |
| 農業・食品など |

化合物（低分子）開発型

創薬パイプライン型
ベンチャー

バイオ・ベンチャー

ため，「創薬ベンチャー」イコール「バイオ・ベンチャー」のように錯覚しがちだが，創薬ベンチャーのなかには，バイオ医薬品と並行して化合物（低分子）医薬品を開発していたり，化合物（低分子）医薬品のみの開発を行う創薬ベンチャーが存在する。そこで本研究では，バイオ・ベンチャーにおける創薬型と創薬シーズ型に，化合物（低分子）医薬品の開発を行う企業も含め，創薬パイプライン型ベンチャーとし（図2-2），この創薬パイプライン型ベンチャーを本研究の研究対象とする。『薬事ハンドブック2019』をもとに，創薬パイプライン型ベンチャーを定義付けすると，「多くは創薬シーズが大学発であったり，製薬企業の研究所からスピンアウトしたものである。そうしたベンチャー企業の役目の多くは，基礎研究や探索研究から臨床試験のフェーズⅠやフェーズⅡまでを手掛けている。そして，その候補物質のPOC（Proof of Concept：概念実証）を証明することができれば，大手製薬企業にライセンス・アウト（供与）して現金化し，その資金で新たな候補物質の開発に再投資することで，継続的な新薬開発を可能にする企業」のことである。創薬パイプライン型ベンチャーはライセンス・アウト（供与）するまで収入が限られてしまうため，資金的に乏しい，企業として不安な状態である。そのため，候補物

質をライセンス・アウト（供与）することにより，早く資金化して，次の研究
開発を行い，企業として発展，安定したいのである。

## 2-3　創薬をめぐる製薬企業の戦略と創薬ベンチャーの役割

　先に述べたように，新薬開発における研究開発の特徴は複雑な研究開発プロ
セスと成功確率の低さであり，長期の開発期間と多額の開発資金が必要である。
そのため，企業体力があった方が有利であると考えられ，1990年代以降，
M&Aが活発化した。それにより，企業規模を拡大し，莫大な研究開発資金を
確保する製薬企業が増えた。とはいえ，M&Aは異なる企業文化や事業スタイ
ルを有する複数の企業組織が1つの組織となるため，組織のマネジメントは難
しい。そこで，M&Aより緩やかな組織間関係である戦略的提携を選択する企
業も増えた（**図2-3**）。共同研究や資金援助など戦略的提携の形態はさまざ
まであり，企業規模に大小の差がある場合もあれば，大手製薬企業どうしによ
る戦略的提携もある。共同研究の場合，新薬開発は長期の期間を要することも
あり，提携期間内に成果が出ないことも多い。また，ライバル企業間の提携も
多いため，両者が機会主義的行動をとり，自社にとっての重要な知識を提供し
ないことで，提携が上手く機能しないことも多い。そこで増えてきたのが，ラ
イセンシングである。

　多くの企業ががんやアルツハイマー病に注力しているが，新薬開発の標的と
なるタンパク質は枯渇傾向にあるため，新薬の開発はよりいっそう困難な状況
に陥っている。新薬開発には長期の期間と多額の資金を要し，成功確率が低く，
また1番に開発しなければならないという厳しい環境下に，製薬企業は置かれ
ている。そのため，成功確率がもっとも低い探索研究を創薬ベンチャーにも
担ってもらい，上手くいきそうな候補物質を買い取って，その後の研究開発プ
ロセスを行った方が効率が良い。よって，製薬企業は候補物質を購入するライ
センシングを望むこととなる。ライセンシングは，オープン・イノベーション

の一形態として捉えられるため，次章でオープン・イノベーションとライセンシングについて述べていく。

### 図2-3　創薬をめぐる製薬企業の戦略

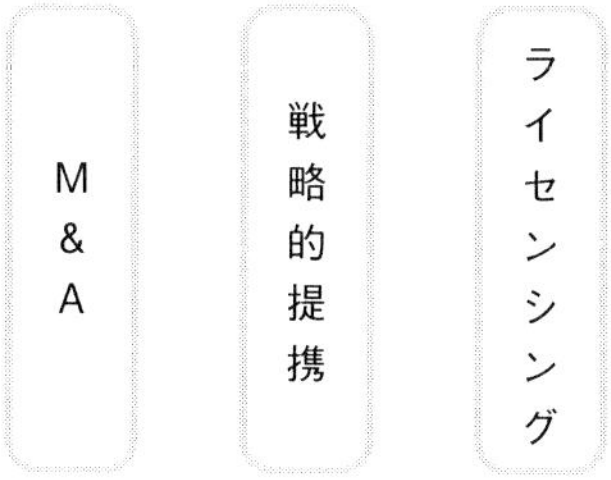

M&A

戦略的提携

ライセンシング

# 第 3 章

# オープン・イノベーションと
# ライセンシング

## 3-1　オープン・イノベーションの概要

　企業の研究開発は，従来，クローズド・イノベーションが中心であった。これは，企業の中央研究所を中心に基礎研究から応用研究までを行う，自己完結型による閉じたイノベーションのことである。クローズド・イノベーションにおいては，企業規模が大きいほど，多額の研究開発費を投じることができ，企業内の多様な知識を活用することができる。つまり，規模の経済性が働くこととなる。そして，製薬産業で積極的に行われているM&Aは，クローズド・イノベーションを前提としている。クローズド・イノベーションでは，特許を専有することができ（Cohen, Levin, and Mowery, 1987），特に製薬産業ではクローズド・イノベーションによる特許の専有可能性が開発の優位性に重要な役割を果たしてきた（中西・立本, 2018）。

　しかし，こうしたクローズド・イノベーションは近年，困難になってきた。なぜなら，イノベーションの加速化や製品寿命の短縮化により，新製品開発のスピードが加速化し，一社で最初から行っていたら，他社との新製品開発競争に勝てなくなってきたからである。また，製品が高度化，複雑化し，一社ですべての知識や技術を賄えなくなってきたからでもある。

　これに対し，近年，多くの産業でオープン・イノベーションへの関心が高まっている（Gassman, Enkel, and Chesbrough, 2010）。オープン・イノベー

ションとは，企業の内部と外部のアイデアを有機的に結合させ，価値を創造することである（Chesbrough, 2003）。また，企業が自社のビジネスにおいて社外のアイデアを今まで以上に活用することに加え，反対に自社で未活用のアイデアを他社に今まで以上に活用してもらうことでもある（Chesbrough, 2006）。つまり，自社の知識と他社の知識とを融合させる方法には，他社の知識を自社に取り入れることだけでなく（**図3-1**の左側），自社で使っていない知識を他社に活用してもらうこと（**図3-1**の右側）といったように，知識の流れが相反する2つの方法が存在する。

図3-1　オープン・イノベーションの2つのタイプ

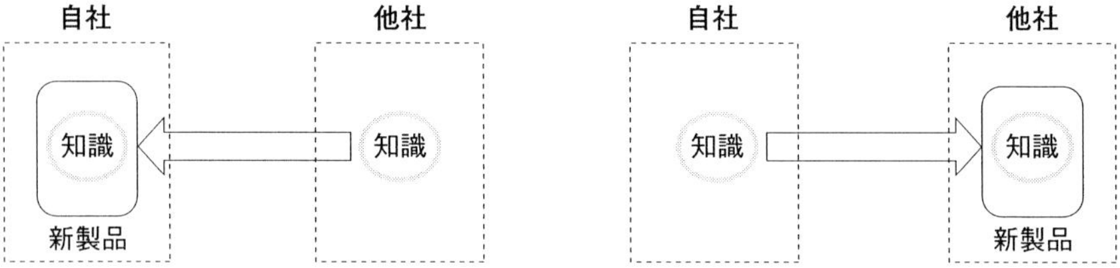

これにより，知識の流入と流出とを自社の目的に適うように利用して，社内イノベーションを加速するとともに，イノベーションの社外活用を促進する市場を拡大することができる（Chesbrough, Vanhaverbeke, and West, 2006）。つまり，オープン・イノベーションとは知識の独占ではなく，知識を普及させることであり，他の知識を結合させて新たなイノベーションを加速度的に発生させることである。また，オープン・イノベーションにより，企業が行う探索と活用のコストを下げるとともに，その可能性や機会を広げることとなる（Chesbrough, 2003, 2006；West, 2006）。その結果，必ずしも基礎から研究開発を行う必要はなくなり，他社の知識を組み合わせることにより，研究開発期間の短縮化と費用の削減とが可能になる。競合企業を排除する知的財産権を管理するのではなく，他社の知識を活用したり，反対に他社に自社の知識を活用してもらうことにより，利益を得ることが可能となる。

　こうしたオープン・イノベーションにおいて，インバウンド型オープン・イ

ノベーションとアウトバウンド型オープン・イノベーションとに分けて議論されるようになった（Enkel, Gassman, and Chesbrough, 2009）。**図3-1**の左側がインバウンド型オープン・イノベーションであり，右側がアウトバウンド型オープン・イノベーションと呼ばれる。

# 3-2　アウトバウンド型オープン・イノベーション

　本研究で着目するライセンス・アウト（供与）は，アウトバウンド型オープン・イノベーションの代表的な手段である（Gassmann, 2006；van de Vrande, et al., 2009）[7]。これまでのオープン・イノベーションに関する既存研究を見ると，Laursen and Salter（2006）やRigby and Zook（2002）などインバウンド型を対象としたものが多く，アウトバウンド型は少ない（Mazzola, Bruccoleri, and Perrone, 2012；West and Bogers, 2014；Mortara and Minshall, 2011）[8]。インバウンド型は知識や技術の意図せざる漏洩のリスクは低いが，対照的にアウトバウンド型は知識や技術の漏洩の可能性があることもあり（Breschi and Lissoni, 2001；米倉・星野, 2015），アウトバウンド型オープン・イノベーションの実行は難しい（Chesbrough and Crowther, 2006；Hu, McNamara, and McLoughlin, 2015）。

　その一方で，製薬産業に関していえば，ライセンシングなどのオープン・イノベーションを行い易い環境にある（Bianchi, et al., 2011）。新薬開発において，ライセンシングは重要な役割を果たしており（Allarakhia and Walsh, 2011），アウトバウンド型のライセンス・アウト（供与）は製薬産業にとって有益である（Gassman, Reepmeyer, and Zedtwitz, 2008；Tran, Hsuan, and Mahnke,

---

7　オープン・イノベーションには，ライセンシング以外にも産学連携，共同研究，技術連携，さらにはクラウド・ソーシングなど幅広い形態がある（Dahlander and Gann, 2010；米倉・星野, 2015）。定義に統一的見解がないため，産学連携や共同研究などの戦略的提携もオープン・イノベーションに含まれることがある。

8　国内を対象とした研究でもインバウンド型の方が多い。たとえば，澤田・中村・浅川（2010）は，質問票調査から，自由度調整済み決定係数は低いものの，応用研究や開発研究ではなく，基礎研究でインバウンド型のオープン・イノベーションが有効であることを示した。

2011)。しかし，買い手となる製薬企業は，臨床試験の数を増やす目的から，インバウンド型を望むが（Paul, et al., 2010），反対にアウトバウンド型は少ない（和久津, 2015）。というのも，知識や技術を外部に提供することは，企業戦略としての方策が乏しく（Roper, Vahter, and Love, 2013），有益でないことも多いからである（Helfat and Quinn, 2006）。知識製品は無形であったり，暗黙的な性質であるため，アウトバウンド型は複雑となる（Teece, 2000）。また，Gambaedella, Giuri, and Luzzi（2007）によると，アウトバウンド型のライセンシングが合意されても，その40％ほどが契約を締結されずに，実行されないまま終わってしまう。

とはいえ，アウトバウンド型は外部知識の活用の機会を提供することとなる（Mortara and Minshall, 2011）。特許の専有権の移行により，売り手に売却益をもたらすだけでなく（Levitas and McFadyen, 2009），外部知識へのアクセスや，クロス・ライセンシング契約を優位に結べたり，業界内で標準を獲得することができたりなど，金銭面以外の利益ももたらされる（Arora, Fosfuri, and Gambardella, 2001；Hu, McNamara, and McLoughlin, 2015；Grindley and Teece, 1997）

実際の件数の少なさと同様，研究においても，インバウンド型に比べてアウトバウンド型の数は少ない（Chesbrough and Bogers, 2014；Felin and Zenger, 2014）。アウトバウンド型研究の第一人者にUlrich Lichtenthalerがおり，2010年前後に20本以上の論文を発表したが，そのほとんどに研究不正があったとして撤回されている。そのため，分析結果は参考にできないが，彼の研究テーマは，知識や技術を外部に移転する際の企業の組織能力に関するものであり，その成功要因や成果への影響などについての調査があった。彼の研究は，Teece（2008, 2011）のダイナミック・ケイパビリティ理論に基づいているため，移転能力や吸収能力といった知識移転に着目している。アウトバウンド型における吸収能力に関する議論はHelfat, et al.（2007）やHu, McNamara, and McLoughlin（2015）などによっても行われている。

Cohen and Levinthal（1989, 1990）やZahra and George（2002）に代表さ

れる吸収能力の議論は外部の知識を組織内で活用する際のものであるため，イ
ンバウンド型を想定している。また，Grigoriou and Rothaermel（2017）は，
外部から知識をライセンス・イン（導入）したとしても，その知識を組織内の
知識と結合するのにコストを要するため，そうした状況に対応することのでき
る組織能力が無いと，ライセンス・イン（導入）した知識をうまく活用するこ
とはできないと指摘している。Hughes and Wareham（2010）は，オープン・
イノベーション研究で吸収能力を扱った先行研究の多くはインバウンド型を対
象としているため，大手製薬企業のアウトバウンド型で移転能力や吸収能力を
扱った研究の必要性を指摘している。

　Hu, McNamara, and McLoughlin（2015）は製薬産業のアウトバウンド型を
対象にしている。彼らは，研究開発の失敗の経験がライセンス契約にネガティ
ブに作用していることを明らかにした。買い手は開発に成功する可能性が高い
候補物質を望むため，失敗経験がある売り手とのライセンシングに抵抗を示す
のである（Edmondson, 2011）[9]。さらに，Hu, McNamara, and McLoughlin
（2015）は，バイオ・ベンチャーの研究開発プロジェクトの数とアウトバウン
ド型であるライセンス・アウト（供与）の数とは逆U字型の関係にあることを
見出した。

　少ないながらも，アウトバウンド型の研究もある程度蓄積されているものの，
Lichtenthaler（2007, 2008, 2009）のようなアウトバウンド型の成功要因に関
する研究は少なく，プロモーションに着目した研究や，成功要因としてコミュ
ニケーションを取り上げた研究は見られない。

　アウトバウンド型は，企業のオープン・イノベーションの主流になっている
とは言い難く，必ずしも有効なものとして観察されているわけではない（真
鍋・安本, 2010）。また，企業がアウトバウンド型を採用するかどうかは，企業
の規模や産業の特性にかなり制約される（真鍋・安本, 2010）。そうしたなかで，

---

9　Su and McNamara（2012）によると，製薬産業では，失敗の経験によって，新しい知識や技術
　の探索を促進するが，新しい市場の創造にまではつながらない。製薬産業に限定されていない
　が，提携などのコラボレーションの失敗によって，組織のパフォーマンスがネガティブな影響
　を受けるという指摘もある（Lhuillery and Pfister, 2009）。

アウトバウンド型は，企業体力の乏しい小規模な企業において積極的に行われ，ライセンス・アウト（供与）による知識や技術の売却がその中心的活動となっている（Helfat and Quinn, 2006）。特に，法的保護の有効性が高い知識や技術を扱う企業ほど，アウトバウンド型のオープン・イノベーションを実践している（金間・西川, 2017）。法的保護の有効性が高い知識や技術を扱う企業とは，まさに物質特許を取得した候補物質を扱う創薬ベンチャーである。近年，増加している創薬ベンチャーは企業体力に乏しいため，研究開発の途中で候補物質を売却するというライセンス・アウト（供与）を前提としたビジネス・モデルを展開している。

## 3-3　創薬におけるオープン・イノベーション

　先述したように，製薬産業では研究開発費を確保するためにM&Aが積極的に行われ，そこでの新薬開発はクローズド・イノベーションに基づいていた。しかし，がんやアルツハイマー病など困難な領域のみが残ってしまったため，新薬の開発はよりいっそう難しくなり，新薬開発をめぐる企業間競争が激化している。そのため，探索研究を他社にも行ってもらい，実験数を増やし，新薬の可能性のある候補物質を製薬企業は手に入れたい。また，化合物（低分子）医薬品からバイオ医薬品への移行が進み，新薬開発の知識に加え，周辺領域としての遺伝子工学やゲノム科学の専門知識も必要となってきたことなどから，外部の知識を活用することが望ましく，製薬企業は買い手としてインバウンド型のオープン・イノベーションに積極的になっている。

　一方，アウトバウンド型を行う，売り手である創薬ベンチャーの企業数は増加傾向にあり，その要因をいくつか指摘することができる。たとえば，西村（2015）は研究テーマの機動性に着目している。大手製薬企業では新たな研究テーマに対する機動性が低く，前衛的でチャレンジングな研究テーマは，成功につながらない可能性が高かったり，開発により多くの期間や資金がかかるため，企業組織的に認めらないことが多い。また，企業方針の変更により，研究

者の意に反して研究テーマが廃止されることは少なくない。そのような環境での研究のやり辛さから創薬ベンチャーが設立されることは多い。そのため，創薬ベンチャーでは研究テーマに関する機動性が高く，前衛的でチャレンジングな研究テーマが好まれる傾向にある。結果として，規模が小さい創薬ベンチャーからイノベーティブな新薬が生まれることも多い（西村，2015）。

　そうした創薬ベンチャーは研究の川上である探索研究（基礎研究）に従事しており，川下である臨床試験（開発研究）に至る過程で製薬企業にライセンス・アウト（供与）を行う。なぜなら，臨床試験，特にフェーズⅡ後期以降は長期の期間と多額の資金とが必要となるため，企業体力のない創薬ベンチャーでは臨床試験を成し遂げることができないからである。また，企業内の研究所で行われる探索研究や前臨床試験に必要な知識と，医療機関で行われる臨床試験に必要な知識とは異なるからでもある。自社で臨床試験を行うとなると，そのための知識を獲得したり，その知識に長けた人材を採用しなければならない。さらには，臨床試験を行ってもらう医療機関とのネットワークも必要となる。そうした知識や人材，ネットワークに乏しい創薬ベンチャーは自社で臨床試験を行うのではなく，臨床試験を大手製薬企業に担ってもらいたい。もっといえば，創薬ベンチャーは研究開発プロセスのすべてを一社で完結しようとはそもそも思っておらず，ライセンシングを前提とした，川上の研究に特化したビジネス・モデルを採用しているといえる。これは，Chesbrough（2003, 2006）やChesbrough, Vanhaverbeke, and West（2006）のオープン・イノベーションとは大きく異なる。彼らの想定するアウトバウンド型オープン・イノベーションとは，自社で未活用の知識や技術を社外で活用してもらうことであった。つまり，その知識や技術はもともと自社の新製品開発を目的として創造，蓄積されたものである。これに対し，創薬ベンチャーでは自社内で新製品開発を完結することを想定しておらず，買い手に開発プロセスの後半を担ってもらうことを前提としている。

　さて，以上のように，製薬企業と創薬ベンチャーとのそれぞれにオープン・イノベーションが推進される理由が存在するため，両者の間でオープン・イノ

ベーションが実行されることが多い。ライセンシングは，非臨床試験（探索研究と前臨床試験とのこと）と臨床試験とで業務が大きく異なる新薬開発のプロセスに適しているともいえる（Stuart, Ozdemir, and Ding, 2007）。小田切（2007）によると，製薬産業の研究開発におけるオープン・イノベーションは他の製造業の平均よりも数が多い。

## 3-4　創薬におけるライセンシング

　ライセンシングおいて，ライセンス・アウト（供与）とライセンス・イン（導入）といった2つの活動がある（**図3-2**）。ライセンス・アウトとは，自社で継続して開発するのが技術的，資金的に困難なとき，自社で培ったそれまでの高度な知識や技術を他社に供与（売却）して利益を得ることであり，これはアウトバウンド型である。一方，ライセンス・インとは，競合企業との新製品開発競争のもとで，自社の知識よりも有用な他社の知識を導入し，それ以降の新製品開発プロセスを担うことであり，これはインバウンド型である。この関係を創薬の場に当てはめると，ライセンス・アウト（供与）をする売り手が創薬ベンチャー，ライセンス・イン（導入）をする買い手が製薬企業となることが多く，両者の間で売買される知識製品とは候補物質である（**図3-2**）。

**図3-2　ライセンシングの関係**

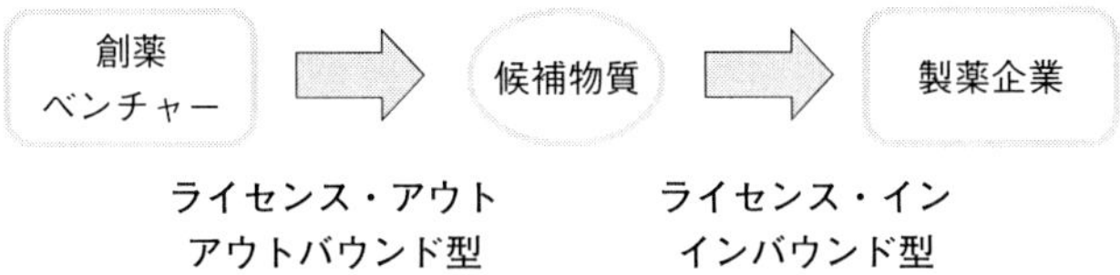

```
┌─────────┐         ┌─────────┐         ┌─────────┐
│  創薬   │   ⇒    │ 候補物質 │   ⇒    │ 製薬企業 │
│ベンチャー│         └─────────┘         └─────────┘
└─────────┘
ライセンス・アウト          ライセンス・イン
アウトバウンド型            インバウンド型
```

　ライセンシングにおける特徴は3つある。1つめは，研究開発プロセスの途中でその実行者が交代することである。売り手から買い手へと研究開発の担い手が変わる。2つめは，売り手と買い手との双方にメリットがあることである。売り手は売却による金銭面でのメリット，買い手は新製品を早期に開発できる

28

というメリットである。そして3つめは，売り手と買い手は一時的で独立した関係だということである。特定相手との長期継続的関係を前提とする関係ではない。そのため，売買の際には売り手によるプロモーション活動が必要となる。

　さらに，候補物質のライセンシングに限定すると，次の2つが追加される。1つは，売り手と買い手とで売買される候補物質は，一対一の取引であり，技術のように1つのものが複数の買い手に売買されることはない。つまり，売り手から買い手へと候補物質の開発専有権が移転することとなる。そしてもう1つは，その売買される候補物質とは，売り手にとって企業の知識の塊といえる知識製品であり，企業経営に重要な核となるものである。創薬ベンチャーは，保有する知識の新規性や有効性を信じて創業される。その際，1個の候補物質しか持っていない創薬ベンチャーも多い。1個だけとはいわないまでも，2個，3個といったごく少数の候補物質しか持っていない創薬ベンチャーはとても多い。そうした数少ない手持ちの候補物質を売却するため，ライセンシングとは企業にとってきわめて重要な知識製品の販売手段なのである。

　この候補物質は，物質特許を取得しているが，特許を取得するとその中身を公開することとなってしまうため，取得する企業は同時に複数の特許を申請したりして，第三者にはどの候補物質がどのタンパク質に作用するのかや，どのような疾患を目指したものなのかが分からないようにする工夫を施している。そのため，売買のライセンシングに際して，買い手に候補物質の価値をプロモーションすることとなるが，その候補物質に関心を持つのは同じような研究を行っている企業であり，競合企業ともいえる。非競争関係であれば，候補物質の情報を相手に伝えることに抵抗は少ないが，両者は競争関係にあるため，候補物質の情報をどこまで明らかにするかは，売り手にとって非常に難しい意思決定となる。もちろん，候補物質の情報をより多く伝えれば，その魅力は伝わり易いが，相手にヒントを与えてしまうことになってしまう。反対に，情報をあまり明らかにしなければ，その魅力は伝わらず，相手は購入する気にならない。

　自動車産業に代表される垂直的な関係では，組立メーカーと部品メーカーと

が保有する知識は異なっている（武石, 2003）。しかし，創薬のライセンシングでは，候補物質に関して買い手は売り手と同程度の知識を持たないと，買い手は関心を抱かず，契約締結には至らない。ライバル企業でもある買い手に手の内を見せなければならないジレンマも，商談がうまくいかない要因である。ライセンシングにおいては，売り手は買い手への情報提供と機密性の確保との間でうまくバランスをとらなければならない難しさがある（Hu, McNamara, and McLoughlin, 2015）。

## 3-5　創薬ライセンシングの実態

　売り手となる創薬ベンチャーでライセンシングを好み，また買い手となる製薬企業でもライセンシングへの関心が高まっている。売り手と買い手の双方がライセンシングを好むのであれば，ライセンシングの数は増えそうだが，実際のライセンシングの数はさほどでもない。実態を把握するために，国内大手製薬企業10社のライセンス・イン（導入）の件数を数えた（**図3-3**）。国内大手製薬企業10社とは武田薬品工業，アステラス製薬，第一三共，エーザイ，田辺三菱製薬，大塚製薬，中外製薬，大日本住友製薬，塩野義製薬，小野薬品工業であり，各社の有価証券報告書を確認し，その年に新規に契約した研究開発に関するライセンス・イン（導入）の件数を数えた。本来であれば，創薬ベンチャーのライセンス・アウト（供与）の件数を数えたいが，創薬ベンチャーには非上場の企業が多く，情報公開をしていないため，ライセンス・アウト（供与）の情報を正確に把握することはきわめて難しい。そのため，買い手である大手製薬企業のライセンス・イン（導入）の件数を数えた。

　図3-3を見ると，製薬企業がライセンス・イン（導入）する相手は，海外の創薬ベンチャーの件数が多く，対照的に国内の創薬ベンチャーの件数が少ないのは明らかである。そして，国内と国外の創薬ベンチャーと製薬企業との4つを合わせた総数が少ないことも読みとれる。つまり，製薬企業のライセンス・イン（導入）の件数は少ない。一方，創薬ベンチャーがライセンス・アウ

ト（供与）する相手は，国内の製薬企業だけでなく，海外の製薬企業の場合もある。海外の製薬企業へのライセンス・アウト（供与）の件数が分からないため，創薬ベンチャーのライセンス・アウト（供与）の実態を正確に把握することはできないが，後述する第5章の質問票調査では，買い手は国内の製薬企業の方が多いことが分かった。そのため，**図3-3**のように主な買い手である国内製薬企業のライセンス・イン（導入）の件数が分かれば，おおまかな傾向を掴むことは可能であると思われる。すると，大小合わせて国内に数百社存在する創薬ベンチャーの数から考えると，ライセンス・アウト（供与）の件数はきわめて少ないといえる[10]。売り手と買い手の双方がライセンシングを望むのに，なぜライセンシングの数は少ないのだろうか。なぜライセンシングは成功しないのだろうか。そこで，ライセンシングを成功させる要因を探るために，第4章でインタビュー調査を行う。

---

10　Kani and Motohashi（2012）は，製薬産業に限定せず，日本企業を対象として，売り手がライセンス・アウト（供与）する意欲があるにもかかわらず，買い手を見つけることの難しさは，知識や技術がまだ特許化されていないことが最大の要因であると指摘している。創薬の場においては，探索研究などの基礎研究段階では特許化されていないため，ライセンシングは難しく，共同研究などの戦略的提携が行われることが多い。前臨床試験が終了し，臨床試験を開始する前に物質特許を取得するため，主に臨床試験で売買されるライセンシングでは特許化された候補物質が対象となる。そのため，創薬のライセンシングにおいてKani and Motohashi（2012）の指摘はあてはまらない。

図3-3　国内大手10社のライセンス・イン件数

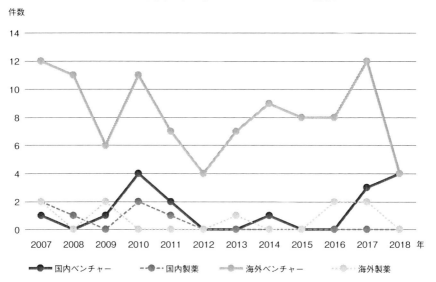

有価証券報告書より作成
・国内大手10社とは武田薬品工業・アステラス製薬・第一三共・エーザイ・
　田辺三菱製薬・大塚製薬・中外製薬・大日本住友製薬・塩野義製薬・
　小野薬品工業
・その年に新規に契約した研究開発に関するライセンス・イン（導入）の件数
・企業の合併により，現在の社名となった2007年より作成

# 第 4 章

# ライセンシングを高める要因
## ——インタビュー調査

## 4-1　仮説の設定

　筆者はこれまで，創薬ベンチャー（ほとんどは経営者や経営幹部），製薬企業（経営者，ライセンシング担当者，創薬の研究員など），創薬ベンチャーの支援機関といった3者に対して，2012（平成24）年から現在までに200名以上を対象にインタビュー調査を重ねている。そのなかで多くの創薬ベンチャーの経営者が語っていた内容は次の4点に集約できる。

① 　モノ（自社の候補物質）がどれほどピカピカ（イノベーティブ）であるかが重要である。
② 　モノがピカピカであれば売れる。
③ 　商談は売り込みの場である。
④ 　モノの売買とは，形式知の受け渡しである。

　創薬ベンチャーの経営者は，以前は企業の創薬研究員であったか，大学で基礎研究を行っていた研究者であることが多い。既存の組織からあえてスピンアウトして創薬ベンチャーを興すのは，自らが保有する知識や候補物質が優れ，勝算があると考えるからである。彼らの認識では，候補物質の新規性は重要であり，イノベーティブであればあるほど良い（①）[11]。そして，非常にイノベー

ティブな候補物質であれば容易にライセンス・アウト（供与）することができる（②）。また，買い手へのプロモーション，つまり買い手との商談では，自社の候補物質がどれだけイノベーティブであるかをセールスすることが大事である（③）。契約を締結した後の製品の受け渡しとは，化合物（低分子）医薬品であれば化学式の開示など，実際の候補物質の受け渡しに尽き，そこには暗黙知は付随しない（④）。

　彼らの①と②の主張に基づけば，「候補物質がピカピカであるほど，オープン・イノベーションが可能となる」。プロモーション軽視の姿勢はイノベーティブな知識の重視を裏返すものであり，経営者の多くが理系研究者であることも，最新知識偏重の考え方につながっている。「モノがピカピカであれば売れる」（②）との意見が多い一方，「（自社の）モノが良くてもなかなか売れない」といった悩みも多く，2つの意見は相反している。後者の意見は，前章の**図3-3**におけるライセンシング件数の少なさとも整合する。それなら，「候補物質がピカピカであるほど，オープン・イノベーションが可能となる」という認識に疑問が抱かれる。もちろん製品の新規性は重要だが，それだけでは不十分なのではないだろうか。つまり，製品の新規性に加え，オープン・イノベーションには不可欠な要素があり，それは創薬ベンチャーの多くが軽視するプロモーションなのではないだろうか。一般的な製品と同様に候補物質においても，プロモーションはやはり重要であり，製品の売り込みだけではなく，自社製品への関心が高い潜在的な顧客を見つけ出すことや，そうした顧客のニーズを把握することが必要なのではないだろうか。

　生産財を扱うBtoB企業では，プロモーションにおいて人的販売，つまり営業が重要となる。日本の営業はセールスだけなく，マーケティングや顧客企業へのコンサルテーション（問題解決への提案）なども担っている[12]。こうした営業には主に3つの基本的役割がある。1つは，自社製品への関心が高い潜在

---

11　ピカピカの重要性は，米倉誠一郎による出雲 充氏（株式会社ユーグレナ代表取締役）へのインタビューにおいても示される（『一橋ビジネスレビュー』2018年，第63巻第3号，pp.156-163）。出雲氏によると，「ベンチャーの使命とはピカピカのケースを見せること」である。

的な顧客を見つけ出すこと，つまり，相手に購買の意思があるかどうかを見極めなければならない。購買の意思がない企業への営業活動は体力を浪費するのみであり，いくら営業を行っても，収穫を得ることができない。西村（2015）によると，創薬ベンチャーの多くは，製薬企業をやみくもに訪ね歩いて，自社が持つ候補物質の売り込みを行っている。他産業で広く行われている飛び込み営業と同じで，関心の低い製薬企業をいくら訪問しても，成果にはなかなか結びつかない。そのため，相手企業がどれほど自社製品に関心があるのをまず知ることが重要である。そしてもう2つは，顧客ニーズの把握と対応である。相手のニーズが何なのかを聞き出し，顧客ニーズを明確にした後，それに対応して，顧客ニーズを満たさなければならない。この顧客ニーズの把握と対応が，顧客企業への問題解決の提案ともなる。

　以上のことは，ピカピカ（製品の新規性）に努める創薬ベンチャーにおいてもいえるのではないだろうか。つまり，顧客志向であるほどセールスのパフォーマンスは上がる（Jaramillo, et al., 2007）ことは技術志向の創薬の場においてもいえるのではないだろうか。本研究の場合，セールスとはライセンシング，つまりオープン・イノベーションのことである。

**仮説1　顧客志向であるほど，オープン・イノベーションのパフォーマンスが上がる。**

　顧客志向であるには，コミュニケーションが重要である。多くの創薬ベンチャーの経営者に「商談は売り込みの場である」（③）という認識があるが，売り込みだけで売買契約が成立するのは，製品が誰の目にも非常にピカピカな

---

12　石井（2012）によると，欧米における営業は，マーケティングの4Pのうちの，プロモーションにおける人的販売と呼ばれる一部の機能に過ぎない。その主たる課題は営業担当者をどのように管理し動機づけるのか，営業担当者をどのように配置し顧客訪問ルートをとれば効率的・効果的なのか，あるいは営業担当者に，ものをうまく売るために何を教え込めばよいのかといったことである。しかし，日本の営業は，顧客との関係の絆をつくりあげる仕事を担っており，御用聞きではなく提案が主たる業務である。

ときであり，それは稀である。そのため，顧客とのコミュニケーションにより，先に示した営業の３つの役割，つまり，自社製品への関心が高い潜在的な顧客を見つけ出すことや，顧客ニーズを把握することと対応することが重要となるのではないだろうか。Elsbach（2003）が指摘するように，独創的なアイデアを初対面の人に売るのは難しく，その価値を伝えようとしても，それを理解できたとは思えない意思決定者にはねつけられてしまう。そのため，ただ自社製品の価値を伝えようとするのではなく，相手とのコミュニケーションが重要となる。

**仮説２　コミュニケーションに長けている企業ほど，オープン・イノベーションのパフォーマンスが上がる。**

　人的販売において，売り手と買い手とが何度か顔を突き合わせ，商談活動を行うことによって，相手との間に関係性が生じてくる。コミュニケーションの結果，信頼が高まる。多くの創薬ベンチャーの経営者が認識するように「モノの売買とは，形式知の受け渡しである」（④）なら，相手との関係性は必要ではないかもしれないが，製品に暗黙知が付随するのであれば，両者の間に信頼があった方が良い[13]。信頼関係の構築によってパートナー間に互恵的な協力行動が生まれ，組織間のすり合わせや暗黙知における知識共有が可能になる（Das and Teng, 1998；Dyer and Chu, 2000）など，信頼により協働性が高まることは他にもSmith, Carroll, and Ashford（1995）やDoz（1996）など多くの論者によって指摘されている。これらは主に契約締結後の事柄であるが，契約締結に関しても，信頼により，コミュニケーションが活発化するため，両者の関係は安定的，かつ発展的なものになる（Uzzi, 1997）という見解もある。つまり，信頼は契約締結にも有効な要素となる。信頼はライセンス契約の締結

---

13　中村・浅川（2004）によると，モノに関する形式知とは創薬の化学式や，遺伝子の塩基配列情報などである。一方，暗黙知とは副作用の出現可能性についての解釈の仕方や，市場規模予測などである。

にも，またライセンシングの実行を協働と捉えるならば，ライセンシングの実行にもプラスに働く。以上のように，信頼はオープン・イノベーションのパフォーマンスを高めることとなる。

**仮説3　両者の間の信頼が高まると，オープン・イノベーションのパフォーマンスが上がる。**

# 4-2　調査の方法

　前節で述べたように，筆者は創薬ベンチャーや製薬企業に対して，インタビュー調査を重ねてきた。今回，そのなかから，創薬ベンチャーと製薬企業，それぞれ2社ずつ，合計4社に対してあらためてインタビュー調査を行った。その際，創薬ベンチャーの経営者と幹部，製薬企業のライセンシング担当者と創薬の研究員といったように各社2名ずつを対象とした。つまり，創薬ベンチャーと製薬企業とで4名ずつである。それでは，なぜこれらの2社ずつを選んだかというと，創薬ベンチャーに関しては，1社はライセンス・アウト（供与）に複数回（5回ほど）成功しており，もう1社はライセンス・アウト（供与）の成功経験は1回のみと対照的だからである。同様に製薬企業に関しても，1社はライセンス・イン（導入）の実績が多く，もう1社はライセンス・イン（導入）の実績が少ない企業と対照的である（表4−1）。両社の間には，件数の大小だけでなく，ライセンシングからもたらされる収益など経済的メリットの面でも差がある。つまり，両社にはオープン・イノベーションのパフォーマンスに多少の差があり，ライセンシングに関する対極的な2社を比較することで，オープン・イノベーションを成功に導く要因を明確にすることができると考えられるからである。なお，表4−1に示されるライセンシング件数の「複数回」「1回のみ」「多い」「少ない」はそれぞれの企業が望む表現に従った。

　調査の日時や本研究での表記に関しては表4−1にまとめられる。まず，電話やe-mailにて調査の趣旨を説明し，質問内容を伝えた。質問内容とは，対象

顧客の選定・ニーズの把握と対応（仮説1），商談におけるコミュニケーション（仮説2），信頼の構築（仮説3）についてである。その後，半構造化のインタビュー調査を行い，後日，もう少し深く聞きたい点や聞き漏らした点を，電話やe-mailにて尋ねた。なお，インタビューの場所は，それぞれの企業においてであり，おのおの2時間ほどを費やした。

表4-1　インタビュー対象者

| 企業 | 役職 | インタビュー日 | ライセンシング件数 | 本研究での表記 |
|---|---|---|---|---|
| 創薬ベンチャー1 | 代表取締役 | 2018年8月3日 | 複数回 | 創薬ベンチャーA |
| 創薬ベンチャー1 | 部長 | 2018年8月3日 | 複数回 | 創薬ベンチャーB |
| 創薬ベンチャー2 | 代表取締役 | 2018年7月9日 | 1回のみ | 創薬ベンチャーC |
| 創薬ベンチャー2 | 部長 | 2018年7月9日 | 1回のみ | 創薬ベンチャーD |
| 製薬企業1 | ライセンシング担当部社員 | 2018年6月20日 | 多い | 製薬企業A |
| 製薬企業1 | 創薬研究員 | 2018年6月20日 | 多い | 製薬企業B |
| 製薬企業2 | ライセンシング担当部長 | 2018年8月10日 | 少ない | 製薬企業C |
| 製薬企業2 | 創薬研究員 | 2018年8月10日 | 少ない | 製薬企業D |

注）ライセンシング件数の「複数回」「1回のみ」「多い」「少ない」はそれぞれの企業が望む表現に従った。

## 4-3　インタビュー調査の内容

### 4-3-1　顧客志向に関して

　本研究での顧客志向とは，自社の候補物質への関心が高く購入する意思がある顧客を見つけ出せていること，その顧客のニーズを把握していること，そのニーズに対してうまく対応できていること，といった3つの項目である。まず，自社の候補物質を購入する意思がある顧客を見つけ出せているかといった質問に対して創薬ベンチャーAと創薬ベンチャーCは次のように述べている。

創薬ベンチャーA：

「誰がウチのを買ってくれるかって，そんなのすぐに分かります。ウチが
扱う物質と同じ疾患をやっている会社をしっかり把握しています。そんな
の，アンテナを張っていればすぐに分かります。どの会社がどの疾患領域
に関心があって，なおかつ，どの段階，たとえばフェーズⅡまで来てるの
を買うとか，治験に入ってなくても買いますとか，はっきり分かっていま
す。そうした企業に商談をするので，話が早いです。」

創薬ベンチャーC：

「本気で買ってくれる相手を見つけるのは難しいです。苦労しています。
製薬企業さんがどんな研究を進めているのか，だいたいは分かります。私
もこの業界に長くいますから，大学にも企業にも知り合いがいて，よく話
をしますし。でも細かなところまでは分からないです。研究内容はだいた
い分かるけど，本気で買う意思があるのかどうかっていうのは全然分から
ないです。それとこれとは別問題ですから。」

　両者の違いは，顧客が何を欲しているのかを具体的に，かつ明確に理解でき
ているかどうかである。創薬ベンチャーAは，買い手がどの領域の研究開発を
行っているのかだけでなく，開発プロセスのどの段階の候補物質を望んでいる
のかまでも明確に把握できている。一方，創薬ベンチャーCは製薬企業がどの
領域の研究開発を行っているのか，おぼろげにしか把握していないし，開発プ
ロセスのどの段階の候補物質を望んでいるのか，まったく分かっていない。そ
れでは，どの製薬企業が自社製品の顧客となり得るのか分かりにくい。
　買い手の立場である製薬企業Aと製薬企業Cは次のように述べている。

製薬企業A：

「私たちは関心があったとしても，会社ですから，組織として買うに値す
るかを戦略的な観点から検討しないといけません。なので，ベンチャーさ

んにとっては，私たちが買いたいかどうか，私どもとの面談だけでは分かりにくいかもしれません。ただ，秘密保持契約を結ぶかどうかで，私どもの関心度が分かってもらえるのではないでしょうか。でも，秘密保持契約を結んだからといって，必ずしも買うわけではなく，やっぱり要りませんとなることも多いです。」

製薬企業C：
　「弊社としては関心は高いです。会社，というか業界全体がオープン・イノベーションと言っていますし。だから，当然ですけど，良いものがあれば買いたいです。ベンチャーさんがよく売り込みに来られますけど，買いたいものとはあまり出会えないです。弊社がどれくらい買いたいのかは，取引ですから，あまり表に出していないかもしれません。買うとなったら良い条件で買いたいですから。」

　両者とも面談においては，購入する意思があるのかどうかをあまり表していないため，創薬ベンチャーは相手の購入意思の度合いを把握することは難しい。そのため，創薬ベンチャーAのように，どの企業が開発プロセスのどの段階のものを買いたいのかといった情報を入手し，ポートフォリオを組んで，顧客を細分化し，自社製品の状況にマッチする企業を見つける作業が必要となる。
　次に，顧客ニーズの把握に関して，創薬ベンチャーAと創薬ベンチャーCは次のように述べている。

創薬ベンチャーA：
　「ニーズというのは，我々の場合はデータです。相手がどんなデータが欲しいのか分かります。関心があれば，向こうからピンポイントに要求してきますので。もし分からなければ聞けば良いんです。だから，最初から全部を揃えていく必要はなくて，相手の反応を見ながら足りないものを揃えれば良いんです。」

創薬ベンチャーC：

「ニーズは分からないです。分かったら苦労しない。私たちと製薬企業さ
んは同じ研究をしています。だから，競争相手でもあります。だから，何
が欲しいかを教えたら，手の内を明かしてしまうことになってしまいます。
だから，何が欲しいかを全然教えてくれません。私たちのモノの適応と効
果を話して，それで向こうが関心を持ってくれなかったら，それ以上話が
進みません。」

　次に，顧客ニーズへの対応に関して創薬ベンチャーAと創薬ベンチャーCは
次のように述べている。

創薬ベンチャーA：

「我々の内容をちゃんと評価してくれて『ここが足りない』とか，『今度，
これをやれば商談に乗りますよ，次はこういうステージで商談を考えます
よ』と言ってくれるわけです。だから，もちろんそのデータをちゃんと揃
えていきます。相手も関心があるわけです。でも躊躇する理由があるんだ
から，それを取り除くデータがあれば納得してくれるわけで，そのデータ
を揃えれば良いんです。」

創薬ベンチャーC：

「相手の欲しいものが分からないので，何とも言えないのですが，『この薬
を使えばこれだけの効果があります』というのを示すようにしています。
製品化しやすいとか，使い勝手が良いか悪いかっていうのを考えてたら，
ベンチャーじゃないです。普通の会社です。だから，ピカピカであること
が大事で，それを見せるようにしています。」

　ここでも，顧客のニーズの把握とそのニーズへの対応に関して，両者の違い
は明確である。

顧客ニーズが明確に分かっていれば，それに対応することができるが，顧客ニーズが分かっていない場合，対応することは不可能である。この点において，創薬ベンチャーＡと創薬ベンチャーＣは対照的である。両者の違いは，顧客ニーズへの対応の意識にある。創薬ベンチャーＡは，そもそも不足するデータがあることを承知で不完全な状態で商談を始めている。そして，顧客にとっての不足のデータを揃えていくという発想である。顧客ニーズを把握することが前提としてあり，顧客ニーズの対応をすることが商談の中心にある。一方，創薬ベンチャーＣは自社製品の新規性を示すことを最優先し，顧客ニーズは分からないものだという認識であるため，顧客ニーズに対応する意識も低い。

## 4-3-2　コミュニケーションに関して

　顧客志向であるためには，コミュニケーションが不可欠となるわけだが，戦略的なコミュニケーションを行っているのだろうか。野部・小松・生稲（2018）によると，コミュニケーションとは「伝える」ことではなく，「伝わる」ことであり，コミュニケーションの成果は，相手の反応や行動となって表れなければならない。また彼らは，顧客の反応や行動を引き出すためには，その場で伝えるだけでは不十分で，事前に準備し，顧客とのコミュニケーションをデザインするという考え方が必要だと指摘している。Conger（1988）も組織内のコミュニケーションに関してであるが，入念な準備と議論のシナリオを立てることの重要性について言及している。コミュニケーションに関して創薬ベンチャーＡと創薬ベンチャーＣはそれぞれ次のように述べている。

　創薬ベンチャーＡ：
　「まずはあれこれ詳しく説明する必要なんてなくて，競合品と比べてウチのがどれだけ優れているかをハッキリと見せます。これで関心を持ってくれたら，秘密保持契約を結んで商談に入ります。基本的には相手が欲しいデータを揃えて見せるわけなんですが，相手がどんなデータが欲しいのかをしっかり聞き出すように意識しています。こんな開発プランで今はこの

段階で，既にこんなデータが出ています。この先はこんな風に育てていけ
ば良いというのをしっかり伝えるようにしています。」

創薬ベンチャーC：
「秘密保持契約を結ぶ前は，大事なところを示せないのが難しいですね。
本当はこれを言いたいのだけど，言えないもどかしさがあります。いろい
ろ言って何とか関心を持ってもらおうとするけど，なかなか難しいです。
基本的に会話は私たちには主導権が無く，主導権は向こうさんが握ってい
ます。見ているモノは同じかもしれないけど，そこから膨らます想像の世
界が向こうと私たちとでは全然違います。見ている角度が違います。売る
側が向いている方向と買う側が向いている方向が全然違います。そういう
意味で，コミュニケーションできているかと問われたら，難しいです。」

　両者の回答を比較すると，創薬ベンチャーAは，相手のニーズを聞き出すこ
とを意識し，その次の面談で相手の望むデータをしっかり揃えることで，相手
とのコミュニケーションに自信を持っているのが窺われる。一方，創薬ベン
チャーCは，何を伝えたらよいのか明確に定まっていない。商談において視点
の相違における違和感を抱いており，コミュニケーションに自信がなく，商談
をうまくマネジメントできていないことが分かる。また，創薬ベンチャーAは，
候補物質を売却した後，購入した製薬企業がその後に行うべき開発プランを明
確に示している。これは，相手にとってみれば，製品化に向けて自社がすべき
ことをイメージし易いため，有益な情報である。創薬ベンチャーAは相手と同
じ向きから候補物質を見ているといえる。これに対して，創薬ベンチャーCは
相対して（対面して）候補物質の異なる側面を見ているといえる。
　また，コミュニケーションにおいて，創薬ベンチャーAと創薬ベンチャーB
の発言は興味深い。

創薬ベンチャーＡ：

　「情報提供よりももう一歩踏みこんで，相手に納得してもらう。相手が納
　得しないと絶対に取引には至らないです。納得した先に，相手が我々の化
　合物を見て『将来，こういう薬になるな』と予測してもらうことが大事で
　す。こういう薬にするために，我々は『次にこれをやらなければなりませ
　んよ』とアドバイスというか提案というかをしなければならない。だから，
　相手に知識をつけてやらないといけない。もちろん，相手も同様の研究を
　してるし，勉強してるから知ってるんです。でも，やっぱりその物質につ
　いては物性とか我々の方が詳しいです。」

創薬ベンチャーＢ：

　「私たちの商談が他の業界と違う点は，私たちの化合物について，相手に
　教えてあげないといけないことです。教えてあげるという表現は適切じゃ
　ないか。知ってもらわないといけないということです。化合物はこんな形
　で，どのタンパク質をターゲットにしていて，どんな適応を狙っていて，
　どんな効果があるか。秘密にしなければならないことなんだけど，相手が
　知ってくれなければ評価してくれない。盗まれたら困るのでできるだけ秘
　密にしなければならない。でも知ってもらわなければ話が進まない難しさ
　があります。」

一方，創薬ベンチャーＣは次のように述べている。

創薬ベンチャーＣ：

　「形式知か暗黙知かと言われたら，完全に形式知の取引です。向こうもプ
　ロなので，そんなの見たら分かります。なので，伝えるべき項目は限定さ
　れています。」

創薬ベンチャーＡが言う「次にやるべきこと」とは，臨床試験での効果の検

証だけでなく，副作用の懸念を取り除くための試験も含まれる。後者の情報は，商談においてネガティブなものになりかねないが，新薬の開発は有効性と安全性の証明であり，安全性に関する副作用の懸念とその排除は開発における大きな課題である。服用から強い副作用が出ると，新薬として承認されないため，開発は途中で中止にせざるを得ない。そのため，買い手は副作用に敏感であり，そもそも候補物質に副作用の懸念がまったく無いとは思っていない。そうした状況において，売り手側が副作用について何も触れてくれないと，買い手としてはどんな副作用があるのだろうかと過度に意識してしまう。結果，リスク回避的な思考となり，購入を見送ってしまうことにもなりかねない。それよりも，少しでも懸念が考えられるのなら，それを正直に伝え，今後，その懸念を取り除くために必要な試験を具体的に示した方が良い。売り手は候補物質の物性や安定性などの暗黙知に長けているため，適切な試験を提案することができる。その方が，買い手はどうやって安全性を証明できるのかをイメージし易く，今後の開発工程をデザインし易い。

　買い手の立場である製薬企業Bは次のように述べている。


製薬企業B：
　「秘密保持契約を結んだ後，ベンチャーさんは中身を明かすわけですが，化合物の形などを見るときには，僕らは見ないようにしています。弊社で同じテーマじゃない，別のテーマをやってる人が評価するようにしています。見てしまうと，真似しないようにしても，無意識に同じ化合物を作ってしまう可能性があるからです。ただ，本社の人間はしっかり見ています。僕らが見た方が本当は早いけど，彼らは分からないことがあったら，ベンチャーさんに逐一聞いて，十分に知識を付けたうえで評価しています。」


　製薬企業Bは創薬の研究員として，創薬ベンチャーと同様の研究を行っている。そのため，製薬企業Bが評価を行うと迅速だが，製薬企業Bは意見をいうだけで，ライセンシングを担当する部署が評価を行う。ライセンシング部は，

候補物質の詳細に関して知識を付けたうえで，その評価を行う。つまり，商談のプロモーションの過程で，買い手は売り手から教えてもらうことで，売り手と買い手との間の候補物質に関する知識量格差は小さくなっていく。言い換えれば，創薬ライセンシングのプロモーションでは，売り手は買い手との間に生じる知識量格差を小さくする作業をしなければならない。この小さくする作業は創薬ライセンシングの特徴である。特に消費財では，売り手と買い手との間に情報量格差があって，その格差をそのままにして，その格差を利用したビジネス，あるいは買い手が分からない部分をブラック・ボックスにして，そのブラック・ボックスを活かすことで利益を得るビジネスが広く行われている。創薬の場では，そうした格差があったままだと，買い手は候補物質を購入しないため，創薬ライセンシングには情報量格差は存在しない。そのため，最初の時点には存在する格差を埋める，つまり，買い手の知識量を高めてやるコミュニケーションが必要となる。

## 4-3-3　信頼に関して

　二者間の取引が複数回継続される場合，両者の間に関係性があった方が取引が円滑に進む（Axelrod, 1984）。創薬ライセンシングの場合，両者の関係は1つの候補物質においてのみであるため，取引の関係は1回のみである。それなら，信頼は不要かもしれない。しかし，暗黙知の果たす役割が大きいなら，人的コミュニケーションが重要となり，暗黙知の伝達には両者の間に信頼があった方が良い。この点に関して，創薬ベンチャーAと創薬ベンチャーBは次のように述べている。

　創薬ベンチャーA：
　　「我々も相手も，互いに相手のことを分かっていない気がします。相手は我々のことを業界向けの専門のデータなどから知っています。反対に，我々は『製薬企業のことはよく知っている』と思っています。でも，詳しいことは実は互いによく分かっていないんじゃないかと思います。もちろ

ん，化合物が凄いと一目で分かれば，我々のことをよく分かってなくても買ってくれます。でも，そんな化合物なんて滅多にないから，我々は化合物について知ってもらわなければならないし，相手は追加のデータを欲しがります。そうすることで我々のことを知ってくれるようになるんだと思います。そのなかで信頼が芽生えてくるんだと思います。もちろん，全幅の信頼じゃないんですが，まったく信頼が無ければ話は進みづらいです。」

創薬ベンチャーＢ：

「副作用の懸念など，こっちの不利になるような情報でも，相手にとってためになる情報を伝えることで信頼が生まれてくると思います。私たちの関係の場合，相手が私たちを信頼してくれるようになることが大事です。相手が買うために，私たちの化合物をしっかり評価してやろうという姿勢だったら，こっちも真剣になります。その意味で良い関係になりますが，信頼を抱くとしたら立場的にやっぱり相手だと思います。」

一方，創薬ベンチャーＣと創薬ベンチャーＤは次のように述べている。

創薬ベンチャーＣ：

「なかなか信頼関係とまではいきません。私たちのものをすべてテーブルの上に置いて，向こうにいろいろな角度からじっくり見られるような感じです。だから，信頼が生まれるということはなかなか難しいです。」

創薬ベンチャーＤ：

「私たちの商談って信頼っていうものじゃないです。もっとドライです。どちらも企業を代表していますし，先方は厳しく私たちの物質を評価しますから。」

創薬ベンチャーＡと創薬ベンチャーＢによると，買い手との間には商談を通

じて何らかの信頼が生じている。一方，創薬ベンチャーCと創薬ベンチャーD
によると，買い手との間に信頼が生まれる余地はない。両者の認識の違いは，
コミュニケーションの違いにある。商談において，創薬ベンチャーAと創薬ベ
ンチャーBは相手のニーズを聞き出し，その対応をすることや，副作用の懸念
といった，本来であれば隠したい情報までも伝えることを行っている。相手の
ニーズ対応も副作用の懸念の情報も，買い手がもっとも望むものであり，それ
らをコミュニケーションの中心に据えることで，買い手からの評価が高められ
ることとなる。その結果，両者に関係性が生まれ，信頼が生ずることとなる。
ただ，そこでの信頼の主導権は買い手側にある。一方，創薬ベンチャーCと創
薬ベンチャーDは，商談において自社製品の有効性の告知にとどまっているた
め，コミュニケーションが充実しているとはいえず，買い手からの信頼は低い。
　次に，買い手側の製薬企業Aと製薬企業Dは次のように述べている。


製薬企業A：
「確かに，私たちの要望に，ベンチャーさんがしっかり応えてくれると，
私たちとしては『おー』と思いますね。というのは，応えてくれないベン
チャーさんもいるのです。せっかく私たちも関心を持っているのに，次の
商談で前回と同じことを言われると，『なーんだ』と思ってしまいます。
むしろ，応えてくれないベンチャーさんの方が多いかもしれません。だか
ら，応えてくれると先に進めますから，私たちも良い話し合いができたと
思えますし，実際商談が先に進みます。その意味で満足できますからあま
り意識したことはありませんが，信頼が生まれているのかもしれません。
信頼があるからといって，それだけで買うわけではないのですが，何らか
のプラスにはなるかもしれません。反対に，信頼が無くても，いや，信頼
がまったく無ければやっぱりダメかもしれませんが，信頼が低くても物質
が良ければ弊社としては買うことになると思います。でも，そのやり取り
はやっぱり信頼があった方がスムーズですね。」

製薬企業D：

「ベンチャーって良いモノを出してくることもあるのですが，製薬企業に
いる私たちにとって取り扱いにくいモノを出してきます。『安全性はどう
なんでしょうか？』と思うことがあって，その疑問が解消されないことが
多いです。それだったら，自分たちでやった方が良いです。」

　製薬企業Aによると，顧客ニーズの把握と対応ができる創薬ベンチャーの方
が数は少ない。そのため，しっかりと対応してくれる創薬ベンチャーに対して
は，対応への満足度が高まり，信頼が生ずる。ただ，信頼が高まっただけで，
ライセンシングが可能になるというわけではなく，前提として価値の高い候補
物質があることが不可欠となる。その意味で，信頼は商談を円滑にするものと
いえる。

# 4-4　考　　察

## 4-4-1　仮説1（顧客志向）の検証

　本研究では，顧客志向として，自社の候補物質を購入する意思がある顧客を
見つけ出せていること，その顧客のニーズを把握していること，そのニーズに
対してうまく対応できていること，といった3つの項目を想定した。その結果，
創薬ベンチャーAと創薬ベンチャーCとには明確な違いがあった。創薬ベン
チャーAは，買い手が開発プロセスのどの段階の候補物質を望んでいるのかを
把握していた。潜在的に顧客となりそうな企業を選択し，そうした企業に対し
てピンポイントに商談を仕掛けていくこととなる。

　また，創薬ベンチャーAは，完璧にデータを揃えてから商談活動を始めるの
ではなく，相手との対話の中から，相手が望むデータの内容を聞き出し，ニー
ズを満たしていくという発想である。買い手にとって，候補物質の購入は高額
であり，その先の臨床試験に数年の期間と多額の資金を投入することになるた

め，企業の業績に与える影響は大きい。臨床試験の途中で効果が無いと分かったり，大きな副作用が出てしまい，新薬開発を中止にしてしまうことになれば，企業にとって大きな損失となってしまう。よって，リスク回避的な思考から，購入に及び腰となってしまいかねない。そのため，買い手の意思決定者の不安を取り除くことは重要であり，彼らが望むデータを揃える意義は大きい。一方，創薬ベンチャーCは自社製品の新規性を示すことを最優先し，顧客ニーズの把握や対応への意識は低い。買い手は新規性に興味を示したとしても，購入の意思決定には慎重となるため，契約の締結にたどり着くことは難しい。つまり，相対的に，創薬ベンチャーA（企業としては創薬ベンチャー1）は顧客志向であり，創薬ベンチャーC（企業としては創薬ベンチャー2）は顧客志向でないといえる。

　次に，ライセンス・アウトの件数を見てみると，創薬ベンチャー1は複数回（インタビュイーとの約束上，明確な数字を示すことはできないが，5回ほど）あるのに対して，創薬ベンチャー2は1回のみである。顧客志向である創薬ベンチャー1はオープン・イノベーションの件数が多く，顧客志向でない創薬ベンチャー2はオープン・イノベーションの件数が少ないため，仮説1「顧客志向であるほど，オープン・イノベーションのパフォーマンスが上がる」は，本インタビュー調査において検証できたといえる。これは「顧客志向であるほど，セールスのパフォーマンスが上がる」というJaramillo, et al.（2007）の主張に同調するものである。

## 4-4-2　仮説2（コミュニケーション）の検証

　創薬ベンチャーA，創薬ベンチャーB，創薬ベンチャーC，創薬ベンチャーDの回答を振り返ると，創薬ベンチャーAと創薬ベンチャーBは，顧客ニーズの把握と対応とともに，副作用の懸念やそれを取り除くための今後の試験を具体的に伝えるなど，コミュニケーションへの意識が高い。相手の視点に立ったコミュニケーションに長けているといえる。Williams and Miller（2002）が述べるように，相手に対しては懸念事項を率直に伝えることが何よりも望まれる。

　また，Williams and Miller（2002）は，２回に分けたプレゼンテーションをすべきだと主張する。１回目のプレゼンテーションでは，データの不足や曖昧さの矛盾があることを認め，１回目のプレゼンテーションが終わると，ToDoリストを作成し，データの補充や論理の補強が必要な点を挙げる。その際，相手からアドバイスを得ることに努めると良い。そして，２回目のプレゼンテーションでは，相手から質問されていたすべての点に訂正や解説を施すのである。同様の見解として，Conger（1998）も次のように述べている。相手の意見に熱心に耳を傾け，相手の必要性や関心事に応じて軌道修正しようとする肯定的な態度を示すと，相手も同じような反応を返してくる。その結果，相手からの信頼が高まり，自分の話に注意深く耳を貸してくれるようになるのである。

　これこそ，創薬ベンチャーAが行う商談である。創薬ベンチャーAは複数回の商談を前提とし，１回目の商談では必要なデータを全部揃えているわけではない。そして，相手が望むデータを把握して，それに対応することで，製品を修正するとともに，商談を軌道修正していく[14]。同時に，自社の候補物質を評価するのに必要な知識や，製品化に向けて相手が知るべき知識を，商談のコミュニケーションの中で伝えていく。一方，創薬ベンチャーCは，コミュニケーションという認識は少なく，自社製品の新規性とその有効性を伝えるのみで，自社製品をテーブルに置いて，相手に評価してもらうという感覚である。

　両者の関係は図４-１のように表される。創薬ベンチャー１（創薬ベンチャーAと創薬ベンチャーBの企業）では，図４-１の左側のように，売り手と買い手とが同じ向きで候補物質を見ており，売り手は買い手との商談から，相手のニーズに対応したり，相手に知識を提供したりと，コミュニケーションの軌道修正を行っている。両者はあたかも寄り添っているようであるため，ライセンシングや新薬開発という共通目標に向けて協働しやすい。一方，創薬ベンチャー２（創薬ベンチャーCと創薬ベンチャーDの企業）では，図４-１の

---

14　候補物質そのものに有効性と安全性とを示すデータが付随し，さらに物性や副作用の懸念，今後の開発プランなどの暗黙知が加わり，１つの知識製品となる。製品を修正するとは，データを追加することであり，それによりこれらの暗黙知も追加されていく。

右側のように，売り手と買い手はテーブルに対して向き合っており，候補物質を相対する角度から見ている。そのため，両者は協働の関係とはならず，買い手が製品を対面から評価することとなる。その際，買い手は製品の一面しか見えていない状態，つまり不十分な情報量のままで評価するため，リスク回避的な行動から，購入に至らないことが多い。

図4-1　商談における売り手と買い手との関係

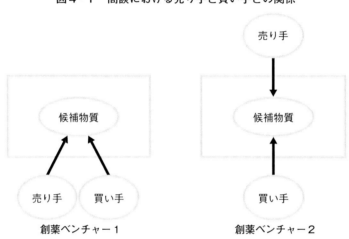

創薬ベンチャー1　　　　　　　　　創薬ベンチャー2

　創薬ベンチャーAと創薬ベンチャーBの属する創薬ベンチャー1はライセンシングの経験が複数回あり，創薬ベンチャーCと創薬ベンチャーDの属する創薬ベンチャー2はライセンシングの経験が1回のみである。創薬ベンチャーAと創薬ベンチャーBの回答の方が相対的にコミュニケーションに長けているため，仮説2の「コミュニケーションに長けている企業ほど，オープン・イノベーションのパフォーマンスが上がる」は，本インタビュー調査において検証できたといえる。

　さて，知識の提供についてここで少し付け加えたい。創薬のライセンシングでは，購入金額が大きく，購入後の臨床試験が失敗に終わってしまうリスクを恐れ，買い手の購入意思決定はリスク回避的な思考となり，消極的となり易い。また，売り手はその候補物質の性質に関する暗黙知的な知識を有しているのに

対し，買い手はそうした知識に関して相対的に劣っている。しかし，創薬のライセンシングでは，候補物質に関して買い手は売り手と同じ知識を持たないと，候補物質の価値を適正に評価することはできず，契約締結には至らない。候補物質は知識製品であり，知識製品とは無形で暗黙的な性質であるため，契約締結の前に知識の核となる中味を開示することは避けたい（Teece, 2000）。とはいえ，買い手に関心を持ってもらうには，ライバル企業でもある買い手に手の内を見せなければならず，商談において，売り手は買い手への情報提供と機密性の確保との間でうまくバランスをとらなければならない（Hu, McNamara, and McLoughlin, 2015）。

　売り手は，創薬ベンチャーAによると，買い手の研究開発の状況や，購入したい候補物質のことを明確に把握してるが，創薬ベンチャーCによると，買い手の研究開発の状況や，購入したい候補物質のことがよく分かっていない。創薬ベンチャーCのような企業の方が一般的であり，多くの創薬ベンチャーは製薬企業のことをよく分かっていない。

　一方，買い手は，創薬ベンチャーに関する情報は特許取得といった成果に関する情報に限られるため，売り手自体のことをあまり知らず，売り手を評価することは難しい（Jensen and Roy, 2008）。そこで，公式でも非公式でも何かネットワークがあれば，市場の透明性の欠如を補うのに重要な役割を果たすことができる（Bidault and Fischer, 1994；Ford and Thomas, 1997）。しかし，製薬企業どうしのライセンス担当部署間ではネットワークが存在するものの，製薬企業と創薬ベンチャーとの間のネットワークは，両者が大学の同じ研究室の出身だったり，創薬ベンチャーの創業者が以前その製薬企業で働いていたなど，個人的なつながりがあるかどうかに委ねられる。そのため，買い手は売り手のことがよく分からないため，売り手のライセンシングにおけるこれまでの成功経験を参考にすることもある（Gould, 2002）。

　つまり，売り手も買い手も，互いに相手のことをよく分かっていない。そのため，コミュニケーションがより重要となる。創薬ベンチャーAでは複数回の商談により，コミュニケーションを通じて，売り手は買い手の具体的なニーズ

などが，買い手は売り手のニーズ対応の姿勢などが分かっていく。一方，創薬ベンチャーCでは商談は1回の機会しかないため，コミュニケーションが不十分で，双方が腹の探り合いをして，相手のことを分からないままである。その状態で，買い手は購入するかどうかの意思決定を行うことは難しく，なかなか購入する気にはならない。

　さらに，売り手である創薬ベンチャーは新しい製品を扱おうとしているだけでなく，新しい市場を扱おうとしている（Aaboen, et al., 2006）。アンメット・メディカル・ニーズにおける画期的な新薬の場合，市場の大きさは約束されるが，多くの創薬ベンチャーは新しい市場の可能性に対する意識が低く，当然知識も少ない。根拠もなく，この薬は売れるはずだと思い込んでいることも多い。市場の可能性に関する知識については買い手である製薬企業の方が長けている。反対に，これまでに述べたように，候補物質についての知識は，創薬ベンチャーの方が長けている。つまり，候補物質の知識と市場の可能性といった2つの重要な事柄に関して，それぞれ知識の非対称性が生じている。候補物質の知識に関しては，売り手から買い手に商談のなかで伝え，反対に，市場の可能性に関しては，商談の過程で売り手は買い手から知識を吸収する必要がある。

　以上のように，互いのことをよく分かっていなかったり，候補物質の知識や市場の可能性などで知識の非対称性が存在するため，その差を埋めるのにもコミュニケーションが重要となる。

## 4-4-3　仮説3（信頼）の検証

　創薬ベンチャーAと創薬ベンチャーBは，顧客ニーズの把握と対応を行うことで，顧客からの信頼を得ていると実感しており，商談における自信につながっている。一方，創薬ベンチャーCと創薬ベンチャーDは，顧客ニーズの把握と対応ができておらず，顧客からの信頼を得ているという実感もない。買い手の立場である製薬企業Aも，顧客ニーズの把握と対応がしっかりできている企業に信頼を抱いている。顧客ニーズの把握と対応が両者の差となっており，顧客ニーズの把握と対応ができていると，買い手側からの信頼が高められる。

信頼だけでライセンシングが可能になるわけではないが，信頼関係があった方が商談や契約締結を円滑に進めることができる。

　ここで信頼の種類について考えてみたい。延岡・真鍋（2000）や真鍋（2002）は，酒向（1998）の研究を受け，信頼を3つに分けた[15]。それらは，基本能力への信頼（生産能力，設計開発能力に基づく信頼），公正意図への信頼（契約遵守への意図，約束遵守への意図，公平性の意図に基づく信頼），そして関係的信頼（共存共栄への期待，利他主義的行動への期待，関係継続への期待に基づく信頼）である。そして，彼らは，自動車産業の発注企業とサプライヤーとの関係に着目し，関係的信頼が協調性にプラスの影響を与えることを見出した。これに対し，冨田（2010）は，製薬企業間の共同研究に着目し，能力的信頼が協調性にプラスの影響を与えることを見出した。冨田（2010）は，延岡・真鍋（2000）や真鍋（2002）を参考にしながら，製薬企業間の共同研究に適するように，基本能力への信頼から「能力的信頼」へと用語を変えた。その能力とは相手の化合物生成とスクリーニングに関するものであり，この2つは探索研究の主な業務となる。

　本研究において，製薬ベンチャーと製薬企業とのライセンシングの関係を考えた場合，自動車産業のような長期継続的なものではなく，取引は1回限りのものである。その意味において，延岡・真鍋（2000）や真鍋（2002）ではなく，冨田（2010）が想定する関係に近い。前節で示されたように，信頼構築の主導権は買い手である製薬企業にあり，製薬企業は創薬ベンチャーの対応に信頼を抱くことになる。それではその信頼は3つのうち，どのようなものだろうか。取引が1回限りであるため，関係的信頼ではない。また，商談の時点では，契約を結んでいないため，公平意図への信頼でもない。候補物質を見つけ出したという創薬ベンチャーの研究能力や，次回の商談までに自社のニーズに対応してデータを揃えるという対応能力であるため，これは能力的信頼といえる。

---

15　酒向（1998）による3つの信頼とは，能力に対する信頼（相手が技術や経営能力の点で十分に役割を果たせるという期待に基づく信頼），約束遵守の信頼（相手が文書や口頭での約束を守るであろうという期待に基づく信頼），そして善意に基づく信頼（ある特定の範囲の要求に敏感に対応するだけでなく，それ以外の部分にも対応するという期待に基づく信頼）である。

この能力的信頼は製薬企業の創薬研究員からの信頼を得るためにも必要である。製薬企業Dも述べているように，創薬研究員はNIH（Not Invented Here）症候群（Katz and Allen, 1982）を抱き易い。NIH症候群は製薬企業に限ったことではなく，国内の大企業は自前主義を特徴とし，ベンチャー企業や大学との連携を十分に行ってこなかった（元橋, 2009）[16]。なかでも，日本の大手製薬企業は欧米企業と比べるとかなりの自前主義だといえる（Kneller, 2003）。創薬研究員は同様の研究に既に何年か費やしてきたこともあり，自分で新薬を開発したいという強い思いがあるため，創薬ベンチャーの候補物質を適正に評価しなかったり，懐疑的となり易い。そのため信頼を抱きにくい。創薬研究員は安全性への懸念から，副作用に関するさまざまなデータを求めるため，創薬ベンチャーがそうしたデータをしっかり揃えることで，その対応能力に関して創薬研究員の懐疑的な態度が薄れ，だんだんと信頼を抱いていくこととなる。

　もちろん，信頼だけでライセンシングが可能になるというわけではなく，前提として候補物質の価値が不可欠である。ただ，こうした信頼があった方が，買い手はライセンシングに前向きとなり，その意味で，信頼は商談を円滑にするものといえる。よって，仮説3の「両者の間の信頼が高まると，オープン・イノベーションのパフォーマンスが上がる」は，本インタビュー調査においておおよそ検証できたといえる。


# 4-5　まとめ

　本章ではインタビュー調査により，3つの仮説を検証した。3つの仮説とは，仮説1「顧客志向であるほど，オープン・イノベーションのパフォーマンスが上がる」，仮説2「コミュニケーションに長けている企業ほど，オープン・イノベーションのパフォーマンスが上がる」，そして仮説3「両者の間の信頼が

---

16　日本企業の研究開発職能部門には社内努力優先の姿勢の強さがあり，社内の技術や研究開発成果を絶対視し，自社技術を重視する一方で，外部の技術成果の取り組みに関心を持たない傾向が強かった（榊原, 2005）。

高まると，オープン・イノベーションのパフォーマンスが上がる」である。

　相手が自社の候補物質を購入する意思がある顧客なのかを見極めるために，また，その顧客のニーズを把握して対応するために，コミュニケーションが必要となる。そのため，コミュニケーションは顧客志向を高めるための要因ともなる。また，コミュニケーションは信頼の要因ともなる。そして，仮説2のように，直接，オープン・イノベーションを高めるための要因ともなる。これらの関係は図4-2に示される。

図4-2　コミュニケーションの役割

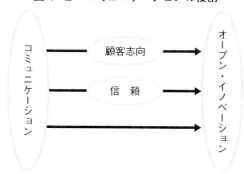

　仮説の検証では，創薬ベンチャー1と創薬ベンチャー2とを対比した。相対的に，創薬ベンチャー1がオープン・イノベーションに成功しており，創薬ベンチャー2はオープン・イノベーションに成功しているとは言い難い。本研究ではどちらも1社ずつを選んだが，筆者がこれまで重ねてきたインタビューでは創薬ベンチャー2に近い企業の方が圧倒的に数が多く，創薬ベンチャー2は一般的な創薬ベンチャーを代表しているといえる。これは，ライセンシングを希望するも，多くの創薬ベンチャーがライセンシングを実行できていないことや，ライセンシングの件数が少ない（図3-3）ことからも裏付けられる。

　さて，本章では扱わなかったが，インタビューの回答者が「秘密保持契約」について触れていたため，創薬ライセンシングで特徴的な二段階の商談について言及したい。創薬ライセンシングでは，図4-3に示されるように二段階の

商談となっている。

　売り手である創薬ベンチャーが候補物質をライセンス・アウト（供与）したいとき，まずはノン・コンフィデンシャル・データと呼ばれる抽象的で公開可能な情報を提示する。候補物質の適応，効果，特許取得状況，研究開発の進捗状況などの基礎的な情報である。これに買い手である製薬企業が関心を持てば，両者の間で秘密保持契約（NDA：Non-Disclosure Agreement）を締結することとなり，以降の商談ではコンフィデンシャル・データと呼ばれる具体的な機密情報を伝えることとなる。

図4-3　二段階の商談

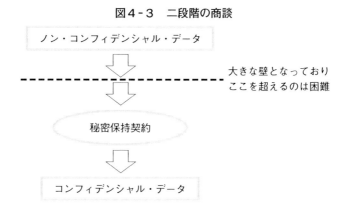

　一般的な創薬ベンチャーにとって，秘密保持契約を結べる確率は低いため，この秘密保持契約の確率を高めたい。ノン・コンフィデンシャル・データだけでは相手に価値を詳しく伝えるのが難しく，秘密保持契約を結ぶ前段階において，買い手に関心を持ってもらうために，ある程度知識を明らかにしたい。しかし，かといってすべてを明らかにしてしまうと，知識が盗まれてしまいかねないので，漏洩を避けなければならない。これは，オープン化のパラドックスと呼ばれる（Laursen and Salter, 2014）。

　第一段階のノン・コンフィデンシャル・データによる商談に関して，西村（2015）によると，創薬ベンチャーは製薬企業とライセンシングするために，製薬企業を訪ね歩いて，自社が持つ候補物質の売り込みを行っている。他には，

パートナリングのためのカンファレンスがあり，そこに出店して製薬企業から声がかかるのを待っている[17]。ターゲット顧客が明確でないため，広く門戸を開いているが，それでは成功確率が低く，非効率である。これに対して，創薬ベンチャー1では顧客となり得る企業のセグメンテーションを行い，対象顧客を特定化するターゲティングを行っている。そのため，ピンポイントに潜在的な顧客に接触することができ，顧客からの高い関心を得ることが可能になっている。

---

17　たとえば，JPモルガン・ヘルスケア・カンファレンスでは製薬業界のさまざまな企業が集う。その数は400社ほどにもなるため，その場では声をかけられても，後日の商談につなげるのは難しいと，インタビュー調査において多くの企業が語っていた。

# 第 5 章

# 商談におけるコミュニケーション
## ——質問票調査

## 5-1　はじめに

　前章ではインタビューによる定性的な調査を行った。調査から導かれた**図4-2**をもとに，本章では作業仮説を設定して，質問票による定量的な調査を行っていく。まず，オープン・イノベーションを従属変数とした重回帰分析を行い，次に**図4-2**をもとにしたSEM（Structural Equation Modeling：構造方程式モデリング）による分析を行う。

## 5-2　仮説の設定

　前章では3つの仮説を設定した。

仮説1　顧客志向であるほど，オープン・イノベーションのパフォーマンスが上がる。

仮説2　コミュニケーションに長けている企業ほど，オープン・イノベーションのパフォーマンスが上がる。

仮説3　両者の間の信頼が高まると，オープン・イノベーションのパフォーマンスが上がる。

これに加え，下記に示す4つの仮説を加える。まず，コミュニケーションを活性化するのは商談重視の姿勢であり，商談重視の姿勢によりライセンシングの可能性が高まるため，商談重視を説明変数とする。

**仮説4　商談重視の姿勢であるほど，オープン・イノベーションのパフォーマンスが上がる。**

前章でのインタビュー，ならびに筆者がこれまで行ってきたインタビューや，脚注11（34頁）でも，ピカピカであること，つまり候補物質の新規性を重視する経営者が多い。確かに知識の新規性が高ければ，それは買い手にとっての大きな魅力となり得る。そこで次の仮説を設定する。

**仮説5　知識の新規性が高いほど，オープン・イノベーションのパフォーマンスが上がる。**

また，競合企業数が多いほど市場内での競争が激化し，ライセンス・アウト（供与）は競争激化となる（Arora and Fosfuri, 2003）。それならば反対に，競合企業数が少ないほどライセンス・アウト（供与）をしやすくなると思われるが，幅広い業種を調査対象とした金間・西川（2017）では支持されなかった。そこで，本研究でも同様の仮説を立て検証を試みる。

**仮説6　競合企業数が少ないほど，オープン・イノベーションのパフォーマンスが上がる。**

さらに，創薬活動は二番手の上市が認められていないため，他社よりも早く，一番に製品化させる必要がある。アンメット・メディカル・ニーズと呼ばれる領域内の新薬開発競争が激化しているため，次の仮説が考えられる。

**仮説7　製品化への時間が重要なほど，オープン・イノベーションのパフォーマンスが上がる。**

# 5-3　調査の方法

　日経バイオテク社編集の『バイオベンチャー大全2017-2018』と『バイオベンチャー大全2019-2020』とに掲載されている創薬活動を行う創薬ベンチャーを対象とした。同じ書籍であるが，発行年数が異なることにより，掲載されている企業が一部相違するため，少なくともどちらかに掲載されている企業を対象としたところ，349社が該当した。『バイオベンチャー大全』に各企業の本社住所が記されているが，企業のホームページを閲覧すると，ホームページに明記されている本社住所と異なっている企業が散見された。ベンチャー企業は企業の発展に伴い，広い場所に移転することはよくある。ホームページの方が情報が新しいと思われるため，349社すべてのホームページを閲覧して，ホームページに明記されている住所に質問票を郵送したが，41通が宛て先不明で戻ってきてしまった。差し引きすると308通を送ったことになる。これに対し，42社からの回答を得ることができ，すべてが有効回答だった（返信率は13.6％）。よって，調査のサンプル数は「42」である[18]。

　質問票は章末に添付される。質問票では，属性項目を質問したのち，商談の内容，商談相手との関係，商談の認識などについて質問した。これらの質問は，リッカート形式によるものが中心であり，「5：大変当てはまる」から「1：まったく当てはまらない」までの5段階とした。

　質問票の回答期間は，2020（令和2）年1月9日（木）から23日（木）まで，で，各企業の代表取締役に回答してもらった。

---

18　サンプル数の拡大は今後の課題として残される。とはいえ，日本において創薬活動を行う創薬ベンチャーの数は限られており，今回の質問票調査の返信率（13.6％）は一般的であるため，サンプル数の拡大は難しい問題ともいえる。

# 5-4 属性項目

　回答企業の属性項目は**表5-1**にまとめられる。まず，会社設立からの創業年数について平均は11.22年，最大値は46年，最小値は1年であった。質問票では「いつ設立されましたか」という設問で，設立の西暦年を尋ねたため，2020（調査の実施は2020年）から回答の年を引くことにより，創業年数を算出した。最大値の46年が突出していたため，これを除いて計算すると，創業年数の平均は10.10年となった。いずれにせよ，10年を超えていたのは意外であった。名簿となる『バイオベンチャー大全』に載るためには，ある程度の実績や注目の知識製品を有している必要があるため，それには年数が必要となり，反対に新興の企業は対象からはじかれてしまい易いことが要因として考えられる。

　次に，パートやアルトバイトを含めない従業員数の平均は12.76名，最大値は50名，最小値は2名であった。従業員数が多い企業は，50名の次は45名や42名であり，反対に，従業員数が少ない企業は，2名の次は3名や4名の企業であった。10数名，20数名の企業などもあり，人数に偏りは見られなかった（標準偏差は12.965）。

　人数に関して続けると，マーケティング担当の人数，営業担当の人数，商談（交渉）担当の人数は，順に平均2.27名，2.31名，2.49名と，それぞれ2名強であり，最大値は9名，最小値は0名であった。これら3つの設問の回答を見ると，3つに同じ人数が記入されているものが多かった。そのため，2名ほどの人間がマーケティング，営業，商談（交渉）を兼務していると思われる。

　また，物質特許の数と技術特許の数は，順に平均3.68個と4.38個と，それぞれ4個前後だった。物質特許の最大値は30個，技術特許の最大値は18個だったが，物質特許や技術特許の数が0個の企業もあった。パイプラインの数は平均3.10個だった（パイプラインとは，企業内で開発中の医薬品のことである）。パイプラインの数が8個というのは創薬ベンチャーにおいてはかなり多いといえよう。創業年数が経過するにつれてパイプラインの数が増えていくことが企業としての理想である。つまり，1個の知識製品を持って会社を設立したのち，

軌道に乗り，1個ずつ順に数を増やして多くのパイプラインを持つことができるのが創薬ベンチャーとしての発展といえる。

　今までにライセンシングした製品の数は，平均1.43個，最大値8個，最小値0個だった。創薬ベンチャーにおいて，8個という数はかなり豊富なライセンシング経験を有しているといえる。0個と回答した企業は6社あった。

表5-1　回答企業の属性項目

| 質問項目 | 平均 | 標準偏差 | 最大値 | 最小値 |
|---|---|---|---|---|
| 設立からの年数 | 11.22年 | 8.891 | 46年 | 1年 |
| 従業員数（パート・アルバイト含めず） | 12.76名 | 12.965 | 50名 | 2名 |
| マーケティング担当の人数 | 2.27名 | 1.863 | 9名 | 0名 |
| 営業担当の人数 | 2.31名 | 1.838 | 9名 | 0名 |
| 商談（交渉）担当の人数 | 2.49名 | 1.985 | 9名 | 0名 |
| 物質特許の数 | 3.68個 | 6.189 | 30個 | 0個 |
| 技術特許の数 | 4.38個 | 4.263 | 18個 | 0個 |
| パイプラインの数 | 3.10個 | 2.543 | 8個 | 0個 |
| 今までにライセンシングした製品の数 | 1.43個 | 1.664 | 8個 | 0個 |

　商談（交渉）に関する質問で，「誰が商談（交渉）を行うのか」に対して，代表取締役（社長，CEOなどの表現を含む）の回答は30社だった。それ以外の回答でも取締役や部長などの管理職ばかりであった。マーケティング部長の回答は1社だった。同様に，「誰が商談（交渉）先を見つけるのか」の質問でも，代表取締役（社長，CEOなどの表現を含む）の回答は28社で，それ以外の回答でも取締役や部長などの管理職ばかりであった。マーケティング部長の回答は2社だった。以上から，代表取締役など経営幹部が商談（交渉）を担っていることが分かる。

# 5-5　分析結果

　変数となる各質問項目の平均と標準偏差，Cronbachの α 係数は**表5-2**に示される。Cronbachの α 係数はもっとも低いものでも，「時間」に関する0.709である

ため，目安とされる大方の基準値を超えており，信頼性は確認されたといえる。なお，「競合の少なさ」のみ，1つの質問項目からなっているため，Cronbachの$a$係数は計算されない。

　さて，「オープン・イノベーション」変数に関して若干の説明を加えたい。**表5-1**に示されるように，質問票では，今までにライセンス・アウト（供与）した製品の数を実数で尋ねた。その結果，1個や2個といった回答が多くみられた。同じ1個でも，売却した金額に差があるため，当然，企業にもたらされる収益の額も大きく異なる。そのため，この数値でオープン・イノベーションのパフォーマンスを測るよりも，質問項目の「これまでの御社の売上・利益は順調だ」と「これまでの御社の業績に満足している」を用いた。創薬ベンチャーの収入源として，ライセンス・アウト（供与）によるもの以外にも，解析や検査の受託業務を行ったり，助成金を得ている企業もあるが，本業は創薬活動であり，収入の中心はライセンス・アウト（供与）によるものである。そのため，これら2つの質問項目で「オープン・イノベーション」変数を測ることは妥当かと思われる。こちらの方が，文字通り「パフォーマンス」を測っているともいえる。

　**表5-2**をみると，売上・利益と業績に関するこれらの質問項目の平均値が2.64と2.29といったように，低いことが明らかであり，企業経営者（回答者）は自社のオープン・イノベーションの現状に満足していないことが分かる。「新規性」に関する質問項目の平均値が順に4.14，4.27，4.10と高いことを踏まえると，候補物質の新規性は高いにもかかわらず，ライセンス・アウト（供与）がうまく実行できていないと，企業経営者は認識していることが読み取れる。

　また，変数の平均と標準偏差，相関係数は**表5-3**に示される。同様に，「新規性」の平均値は4.17と高いにも関わらず，「オープン・イノベーション」の平均値は2.46と低い。すべての変数のなかで「信頼」の平均値が4.30ともっとも高く，「コミュニケーション」の平均値も4.24と高い。反対に，「時間」の平均値が2.86と低くなった。

表5-2　質問項目の平均と標準偏差

| 変数 | 質問項目 | 平均 | 標準偏差 | Cronbach の α 係数 |
|---|---|---|---|---|
| 顧客志向 | 相手が今後行うべきことを示している | 3.93 | 0.936 | 0.819 |
| | 相手にとってのメリットを提案している | 4.17 | 0.753 | |
| | 相手が欲しいデータを把握している | 3.64 | 0.840 | |
| | 相手が欲しいデータに対応できている | 3.38 | 0.815 | |
| コミュニケーション | 伝える内容を，商談前に十分に準備している | 4.36 | 0.868 | 0.794 |
| | 御社が伝えたいことは，相手に十分に伝わっている | 3.93 | 0.910 | |
| | 自社製品の特性や価値を伝えることに努めている | 4.48 | 0.732 | |
| | 相手の興味や関心を引き上げることに努めている | 4.22 | 1.024 | |
| 信頼 | 相手との間に信頼関係を築いている | 3.95 | 0.722 | 0.717 |
| | 相手との間に信頼関係があった方が良いと思う | 4.64 | 0.781 | |
| 商談重視 | 御社では，商談への意識が高い | 3.76 | 1.019 | 0.764 |
| | 御社の商談はレベルが高い | 3.05 | 0.785 | |
| | 御社の商談は成功している | 3.19 | 0.879 | |
| 新規性 | 相手にとって大きなメリットがある | 4.14 | 0.899 | 0.888 |
| | 御社の製品は非常に画期的である | 4.27 | 0.938 | |
| | 他社の製品より明らかに優れている | 4.10 | 0.850 | |
| 競合の少なさ | 御社の製品には，ライバル企業が少ない | 3.54 | 0.965 | ― |
| 時間 | 御社の製品は，最終製品化までの時間が非常に重要である | 3.60 | 1.068 | 0.709 |
| | 御社の製品は，知識・情報面での陳腐化が早い | 2.15 | 1.001 | |
| オープン・イノベーション | これまでの御社の売上・利益は順調だ | 2.64 | 1.130 | 0.863 |
| | これまでの御社の業績に満足している | 2.29 | 1.119 | |

　次に，「オープン・イノベーション」を被説明変数とした重回帰分析を行っていく。まず，仮説1から仮説3までの3つ，つまり「顧客志向」「コミュニケーション」「信頼」を説明変数としたものをモデル1，これらの3つに，仮説4から仮説7までの4つ，つまり「商談重視」「新規性」「競合の少なさ」「時間」を加えた合計7つを説明変数としたものをモデル2とする。さらに，仮説1から仮説3までの「顧客志向」「コミュニケーション」「信頼」は，前提として候補物質の「新規性」が不可欠だと思われるため，これらの3つの交互作用として「新規性×顧客志向」「新規性×コミュニケーション」「新規性×信頼」といった合計7つを説明変数としたものをモデル3とする。そして，仮説

表5-3　変数の平均・標準偏差・相関係数

| 変数 | 平均 | 標準偏差 | 1 | 2 | 3 | 4 | 5 | 6 | 7 | 8 |
|---|---|---|---|---|---|---|---|---|---|---|
| 顧客志向 | 3.78 | 0.675 | ― | | | | | | | |
| コミュニケーション | 4.24 | 0.698 | 0.695** | ― | | | | | | |
| 信頼 | 4.30 | 0.664 | 0.332* | 0.428* | ― | | | | | |
| 商談重視 | 3.33 | 0.742 | 0.511* | 0.437** | 0.338* | ― | | | | |
| 新規性 | 4.17 | 0.801 | 0.361* | 0.407** | 0.548** | 0.378* | ― | | | |
| 競合の少なさ | 3.54 | 0.954 | -0.168 | -0.138 | -0.120 | -0.191 | 0.122 | ― | | |
| 時間 | 2.86 | 0.600 | 0.201 | 0.169 | 0.077 | 0.125 | -0.091 | -0.251 | ― | |
| オープン・イノベーション | 2.46 | 1.054 | 0.231 | -0.045 | 0.049 | 0.345* | 0.054 | 0.120 | 0.011 | ― |

$*p<0.05,$ $**p<0.01$

1から仮説7までの「顧客志向」「コミュニケーション」「信頼」「商談重視」「新規性」「競合の少なさ」「時間」に，「新規性×顧客志向」「新規性×コミュニケーション」「新規性×信頼」「新規性×商談重視」といった4つの交互作用を加えた合計11個を説明変数としたものをモデル4とする。これらの重回帰分析の結果は**表5-4**にまとめられる。なお，数値は標準偏回帰係数である。

　4つのモデルの分析結果は似通っており，共通して「顧客志向」と「コミュニケーション」は有意となったが，「信頼」は有意とならなかった。また，「商談重視」は有意であったが，「新規性」「競合の少なさ」「時間」は有意とならなかった。有意となった変数に関して，標準偏回帰係数を見ると，「コミュニケーション」よりも「顧客志向」や「商談重視」の方が大きな数値となった。

　仮説の検証をすると，仮説1（顧客志向），仮説2（コミュニケーション），仮説4（商談重視）は支持され，仮説3（信頼），仮説5（新規性），仮説6（競合の少なさ），仮説7（時間）は支持されなかったことになる。仮説1（顧客志向）と仮説2（コミュニケーション）は第4章でも検証できたので，定性的に定量的にも検証することができたといえるが，仮説3（信頼）は第4章ではおおよそ検証できたが，本章では検証することができなかった。これに関しては，第7節の考察で論じていきたい。また，仮説4（商談重視）が支持され

表5-4　重回帰分析の結果

|  | モデル1 | モデル2 | モデル3 | モデル4 |
|---|---|---|---|---|
| 顧客志向 | 0.787* | 0.613* | 0.650* | 0.619* |
| コミュニケーション | 0.138* | 0.167* | 0.199** | 0.177* |
| 信頼 | 0.099 | 0.091 | -0.353 | -0.101 |
| 商談重視 |  | 0.570* |  | 0.354* |
| 新規性 |  | -0.156 | 0.541 | -0.028 |
| 競合の少なさ |  | 0.231 |  | 0.183 |
| 時間 |  | -0.015 |  | 0.022 |
| 新規性×顧客志向 |  |  | 0.137* | 0.123* |
| 新規性×コミュニケーション |  |  | 0.212** | 0.255* |
| 新規性×信頼 |  |  | -0.072 | -0.023 |
| 新規性×商談重視 |  |  |  | 0.052 |
| 自由度調整済決定係数 | 0.139 | 0.269 | 0.322 | 0.446 |
| F値 | 2.039* | 2.787* | 2.314* | 2.192* |

$(^{*}p<0.05, \ ^{**}p<0.01)$

たことは予想通りだったが，仮説5（新規性），仮説6（競合の少なさ），仮説7（時間）はインタビューにおいて企業経営者の多くが述べていたにも関わらず，本調査においては支持されなかった。これらに関しても，第7節の考察で論じていく。

　次に，交互作用に関して，「新規性×顧客志向」と「新規性×コミュニケーション」が有意となった。有意となった2つの交互作用のうち，「新規性×コミュニケーション」の方が標準偏回帰係数は大きくなった。一方，「新規性×信頼」と「新規性×商談重視」は有意とはならなかった。「信頼」は，交互作用の「新規性×信頼」でも有意にはならなかった。

## 5-6　SEMによる分析

　コミュニケーションの効果を測るため，第4章での**図4-2**をもとにしたSEM（Structural Equation Modeling：構造方程式モデリング）による分析を

行う。

図4-2　コミュニケーションの役割（57頁の再掲）

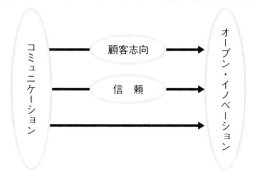

　「コミュニケーション」は「商談重視」の姿勢の表れであるため，「コミュニ
ケーション」に影響を与える構成概念として「商談重視」を考える。さらに，
これまでに述べたように，創薬ベンチャーの経営者には製品がピカピカであれ
ば売れるという認識が根強い。そのため，「オープン・イノベーション」に影
響を与える構成概念として「新規性」を考える。こうしたできあがった仮説モ
デルが図5-1である。

図5-1　仮説モデル

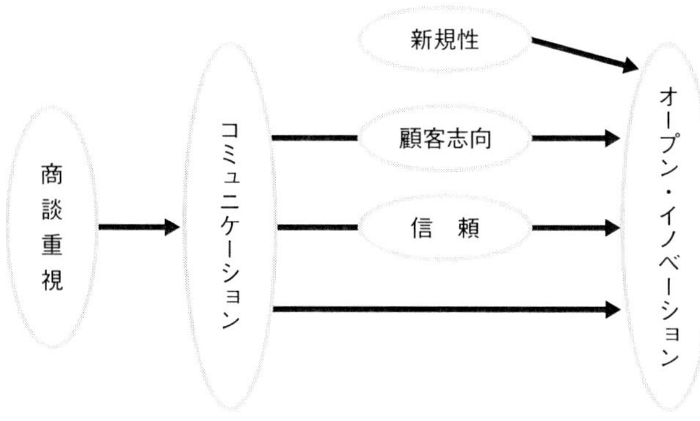

　先に述べたように，構成概念のCronbachの $\alpha$ 係数は表5-2に示され，信頼性
は確認されている。また，潜在変数から観測変数へのパスの標準化推定値はすべ

て0.5以上であった（$p<0.01$）。構成概念のAVE（Average Variance Extracted：平均分散抽出度）もすべて0.5以上であり，CR（Composite Reliability：構成概念信頼性）はすべて0.6以上だったため，収束的妥当性も確認された。さらに，AVEは因子間相関係数の平方より大きかったため，弁別的妥当性も確認された。

SEMによる分析結果は**図5-2**に示される。適合度指標を見ると，$\chi^2$値（df=128）は239.748（$p>0.05$），GFI=0.943，AGFI=0.894，RMSEA=0.095となった。AGFIは0.9を下回ったが，それ以外は良好であるといえる。なお，図の数値は標準化されたパス係数である。

### 図5-2　分析結果

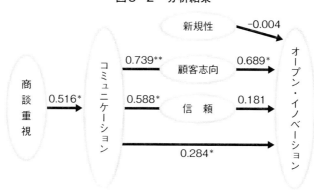

（*$p<0.05$，**$p<0.01$）
$\chi2$(df)=239.748(128)，GFI=0.943，AGFI=0.894，RMSEA=0.095

「オープン・イノベーション」に影響を与えるパスのうち，「顧客志向」と「コミュニケーション」は有意となったが，「信頼」と「新規性」は有意とならなかった。「コミュニケーション」から「顧客志向」へのパスと「信頼」へのパスは共に有意となり，「商談重視」から「コミュニケーション」へのパスも有意となった。標準化されたパス係数を比較すると，「コミュニケーション」から「オープン・イノベーション」への直接的なパスよりも，「コミュニケーション」から「顧客志向」を媒介とした「オープン・イノベーション」へのパスの方が大きな数値となった。

「コミュニケーション」から「顧客志向」へのパス係数が0.739となり，「顧客志向」から「オープン・イノベーション」へのパス係数も0.689と相対的に大きな数値となった。そのため，オープン・イノベーションには顧客志向が重要であることが分かる。また，「商談重視」から「コミュニケーション」，「コミュニケーション」から「顧客志向」，「コミュニケーション」から「信頼」，「コミュニケーション」から「オープン・イノベーション」といったように，「コミュニケーション」に関するパス係数はすべて有意となった。よって，このモデルにおいて「コミュニケーション」は重要な役割を果たしていることが分かる。

　このSEMの分析においても，「新規性」からのパスは有意とならなかった。そして，「コミュニケーション」から「信頼」へのパスは有意となったものの，「信頼」から「オープン・イノベーション」へのパスは有意とならなかった。「信頼」が「オープン・イノベーション」に影響を及ぼすとはいえないという結果は，先に行った重回帰分析の結果と同じである。つまり，コミュニケーションの高まりによって，両者には信頼関係が生まれるものの，その信頼はオープン・イノベーションのパフォーマンスを高めるとまではいうことができない。

## 5-7　考　　察

　重回帰分析において明らかとなったことは次の3点である。

・顧客志向，コミュニケーション，商談重視はオープン・イノベーションを高める要因といえる。
・信頼，新規性，競合の少なさ，時間はオープン・イノベーションを高める要因とはいえない。
・製品に新規性が伴っているうえでの顧客志向とコミュニケーションは，オープン・イノベーションを高める要因といえる。

次に，SEMの分析において明らかとなったことは次の6点である。

・顧客志向とコミュニケーションはオープン・イノベーションを高める要因といえる。
・信頼と新規性はオープン・イノベーションを高める要因とはいえない。
・コミュニケーションは顧客志向と信頼を高める要因といえる。
・コミュニケーションは顧客志向を媒介として，オープン・イノベーションを高める。
・商談重視はコミュニケーションを高める要因といえる。
・このモデルにおいてコミュニケーションはオープン・イノベーションを高める重要な役割を果たしている。

よって，重回帰分析とSEMの分析とにより，共通して導かれたことは次の3点である。

・顧客志向とコミュニケーションはオープン・イノベーションを高める要因といえる。
・信頼と新規性はオープン・イノベーションを高める要因とはいえない。
・商談重視は，コミュニケーションやオープン・イノベーションを高める要因といえる。

顧客志向とコミュニケーションがオープン・イノベーションを高めることは，第4章のインタビューに基づく定性的な調査でも検証できた（第4章の仮説1と仮説2）。顧客志向とコミュニケーションの重要性はマーケティングの視点からみれば至極当然であるが，オープン・イノベーションの成功要因においてもそれらが重要であることを，創薬の場において検証することができた。創薬ベンチャーの経営者には「モノがどれほどピカピカであるかが重要である」（製品の新規性がどれほど高いかが重要である）といった認識や，「モノがピカ

ピカであれば売れる」（製品の新規性が高ければライセンシングが可能である）といった認識が根強いが，ライセンシング契約を締結するには商談が重要であり，顧客志向を意識したコミュニケーションが重要となる。Kakati（2003）も指摘するように，他社製品と比べていくら自社製品の新規性が高くても，それだけで商業的な成功が約束されるわけではなく，顧客ごとに異なるニーズを満たすことで，成功がもたらされるのである。

　一方，第4章では信頼もおおよそ検証することができた（仮説3）。第4章での解釈は，「信頼だけでライセンシングが可能になるというわけではなく，前提として候補物質の価値が不可欠である。ただ，こうした信頼があった方が，買い手はライセンシングに前向きとなり，その意味で，信頼は商談を円滑にするものといえる」だった。しかし，本章では重回帰分析でもSEMの分析でも，信頼はオープン・イノベーションを高める要因とはいえなかった。重回帰分析では，「新規性×信頼」の交互作用も有意な結果とはならなかった。本章の質問票調査では，信頼の意義を見出せなかったものの，第4章のインタビューでは，信頼に意義を感じている回答があった。その意味で，信頼はオープン・イノベーションを直接的に高めるものではないが，感覚的に信頼があった方が商談が円滑に進み，何らかのプラスの影響をもたらすものとして捉えることができる。そして，SEMの分析で分かったように，コミュニケーションが信頼を高めることとなる。

　また，商談重視の姿勢は，重回帰分析ではオープン・イノベーションに（仮説4），SEMの分析ではコミュニケーションにプラスの影響をもたらしていることが分かった。技術志向型の企業では，商談への意識が相対的に低くなりやすいが，オープン・イノベーションのパフォーマンスを高めるには商談重視の姿勢は不可欠といえる。

　次に，重回帰分析において，新規性（仮説5），競合企業の少なさ（仮説6），時間（仮説7）が支持されなかった結果について論じたい。これら3つの仮説は，インタビューで企業経営者の多くが語っていた内容である。それにもかかわらず，本調査において支持されなかった理由はそれぞれ以下のように考えら

れる。

　1つめの「新規性」は，創薬ベンチャーの経営者の多くが「ピカピカであること」の重要性を述べていたが，製品の新規性はオープン・イノベーションに直接的に影響を与えてはいなかった。しかし，重回帰分析において，「新規性×顧客志向」と「新規性×コミュニケーション」が有意となったことから，製品の新規性を前提とした顧客志向やコミュニケーションが必要であるといえる。そのため，製品がピカピカなだけでは売れず，商談における顧客志向やコミュニケーションが重要となる。つまり，「候補物質がピカピカであるほど，オープン・イノベーションが可能となる」という経営者の認識には注意が必要である。もちろん製品の新規性は重要だが，それだけでは不十分であり，オープン・イノベーションには不可欠なものがある。それは創薬ベンチャーの経営者の多くが軽視する顧客志向やコミュニケーションなのである。

　2つめの「競合企業の少なさ」は金間・西川（2017）で支持されなかったが，本研究でも支持されなかった。確かに競合企業が少なければ，希少価値が高まり，それだけ買い手の目に留まりやすいともいえるが，競合企業が少ないということはその分，買い手企業も少ないのかもしれない。新薬開発の場合，アンメット・メディカル・ニーズが明確であり，多くの企業ががんや関節リウマチ，アルツハイマー病などの同じ疾患を対象とした競争が激化している。そうしたアンメット・メディカル・ニーズに該当しない領域の場合，競合企業が少なければ，買い手企業も少なくなり，ライセンシングは活発化しないといえよう。

　3つめの「時間」は，新薬開発では非常に重要である。それは，二番手の製品化は承認されないため，一番に製品化しないといけないからである。だからこそ，研究開発に要する期間が10年から20年と長期にわたるにも関わらず，創薬活動に携わる研究員たちは，常に時間に追われて研究開発に従事している。だからといって，時間が直接的にオープン・イノベーションに影響を与えるわけでない，つまり，早く製品化したいと時間に追われているからといって，焦ってライセンシング契約を締結するわけではない。なぜなら，候補物質のライセンシングには多大な金額を要し，開発の途中で製品化できないとなってし

まうと，その購入資金のすべてと購入後に行った開発に伴う費用や労力が買い手の損失となってしまうからである。表2-4の新薬の成功確率（13頁）にあるように，臨床試験の成功確率は2.71分の1（＝24/65）であり，開発中止のリスクを伴っている。たとえ時間が大事だとしても，高額な金額であり，失敗するリスクもある以上，購入に慎重にならざるを得ないのは，われわれ個人の消費者の購買行動と同じである。むしろ，個人の購買行動以上に，組織の購買行動は意思決定者が多く，失敗を恐れるため，リスク回避的思考となり，購入には慎重になりやすい。

　さらに，SEMの分析で「コミュニケーションは顧客志向と信頼を高める要因といえる」，「コミュニケーションは顧客志向を媒介として，オープン・イノベーションを高める」，「このモデルにおいてコミュニケーションはオープン・イノベーションを高める重要な役割を果たしている」といった結果を得た。回帰分析で得られた「製品に新規性が伴っているうえでの顧客志向とコミュニケーションは，オープン・イノベーションを高める要因といえる」と合わせて論じたい。創薬ベンチャーは理系研究者が中心の企業であり，経営トップにも研究者が就いている。究極の技術志向型企業である。そこでは，最先端で高度な知識や技術を追求するため，商談におけるコミュニケーションへの意識が相対的に低下し易いが，オープン・イノベーションを行うにはコミュニケーションは非常に重要であることが示された。よって，企業はコミュニケーションへの意識を高めなければならない。もちろん，製品の新規性が伴っていなければコミュニケーションだけでライセンシングをすることはできないので，製品の新規性を前提としたうえで，コミュニケーションへの意識を高めることは非常に重要である。


## 5-8　追加の分析

　「オープン・イノベーション」変数の高低により，データを2つに分け，両者のデータ間で差があるのかどうかのt検定（対応のないt検定）を行った。

具体的には，「これまでの御社の売上・利益は順調だ」と「これまでの御社の実績に満足している」の２つの質問項目に関して，ともに「５（非常にそう思う）」か「４（そう思う）」に回答したものを「高OI（OIはオープン・イノベーションの略）」の企業と分類し，「１（まったくそう思わない）」か「２（そう思わない）」に回答したものを「低OI」の企業と分類して，データを２つに分けた。つまり，「４」と「３（どちらでもない）」，「５」と「３」，あるいは「２」と「３」，「１」と「３」，または２問とも「３」に回答した企業は，どちらのデータにも含めていない。その結果，「高OI」企業のサンプル数は10，「低OI」企業のサンプル数は16となり，どちらでもない企業のサンプル数は16だった。

　高OI企業と低OI企業とに分けた t 検定の結果は，**表5-5**にまとめられる。２つの間に有意な差が生じており，高OI企業の方が平均値が高くなったのは，「顧客志向」の「相手にとってのメリットを提案している」，「信頼」の「相手との間に信頼関係を築いている」と「相手との間に信頼関係があった方が良いと思う」，「商談重視」の「御社の商談は成功している」の４つだった。反対に，低OI企業の方が平均値が高くなったのは，「コミュニケーション」の「伝える内容を，商談前に十分に準備している」だった。

　もちろん，「オープン・イノベーション」に関する２つの質問項目「これまでの御社の売上・利益は順調だ」と「これまでの御社の業績に満足している」も有意であり，それぞれの平均値を見ると4.30対1.63，3.50対1.56といったように，両者の差は非常に大きい。そのため，高OI企業と低OI企業とで，売上・利益，業績にかなりの差があることが分かる。つまり，相対的に高OI企業はオープン・イノベーションに成功しており，低OI企業は成功していないといえる[19]。

---

19　高OI企業に関してもっといえば，「これまでの御社の売上・利益は順調だ」と「これまでの御社の業績に満足している」との間にも4.30と3.50といったように，差があることが分かる。つまり，回答企業の認識として，確かに売上や利益は順調であるが，現状の業績に高く満足しているわけではない。言い換えれば，売上や利益は順調であっても，もっと高い業績を獲得することができるはずだと思っている企業は多い。

表5-5　オープン・イノベーションの高低による t 検定の結果

| 変数 | 質問項目 | 高OI (n=10) | | 低OI (n=16) | | t検定の結果 |
|------|---------|------|------|------|------|------|
| | | 平均 | 標準偏差 | 平均 | 標準偏差 | |
| 顧客志向 | 相手が今後行うべきことを示している | 3.70 | 1.187 | 3.69 | 0.916 | |
| | 相手にとってのメリットを提案している | 4.50 | 0.671 | 4.00 | 0.791 | * |
| | 相手が欲しいデータを把握している | 3.40 | 1.114 | 3.44 | 0.609 | |
| | 相手が欲しいデータに対応できている | 3.20 | 0.980 | 3.38 | 0.599 | |
| コミュニケーション | 伝える内容を，商談前に十分に準備している | 3.80 | 0.980 | 4.50 | 0.866 | * |
| | 御社が伝えたいことは，相手に十分に伝わっている | 3.60 | 0.917 | 4.00 | 0.935 | |
| | 自社製品の特性や価値を伝えることに努めている | 4.30 | 0.781 | 4.56 | 0.864 | |
| | 相手の興味や関心を引き上げることに努めている | 4.20 | 1.077 | 4.20 | 0.909 | |
| 信頼 | 相手との間に信頼関係を築いている | 4.20 | 0.400 | 3.81 | 0.882 | * |
| | 相手との間に信頼関係があった方が良いと思う | 4.90 | 0.300 | 4.44 | 1.059 | * |
| 商談重視 | 御社では，商談への意識が高い | 3.80 | 1.327 | 3.50 | 1.000 | |
| | 御社の商談はレベルが高い | 3.00 | 1.183 | 2.94 | 0.428 | |
| | 御社の商談は成功している | 3.60 | 1.114 | 2.75 | 0.559 | * |
| 新規性 | 相手にとって大きなメリットがある | 4.40 | 0.917 | 4.13 | 0.927 | |
| | 御社の製品は非常に画期的である | 4.50 | 0.671 | 4.38 | 0.992 | |
| | 他社の製品より明らかに優れている | 4.50 | 0.500 | 4.19 | 0.950 | |
| 競合の少なさ | 御社の製品には，ライバル企業が少ない | 3.90 | 0.943 | 3.50 | 1.061 | |
| 時間 | 御社の製品は，最終製品化までの時間が非常に重要である | 3.30 | 1.418 | 3.33 | 0.789 | |
| | 御社の製品は，知識・情報面での陳腐化が早い | 2.10 | 1.221 | 1.94 | 0.747 | |
| オープン・イノベーション | これまでの御社の売上・利益は順調だ | 4.30 | 0.458 | 1.63 | 0.484 | ** |
| | これまでの御社の業績に満足している | 3.50 | 1.204 | 1.56 | 0.609 | ** |

$(^*p<0.05, \ ^{**}p<0.01)$

　これらの結果から，オープン・イノベーションを成功に導くには，相手にとってのメリットをしっかり提案できているか否かが鍵となることが分かる。反対に，低OI企業の方が，伝える内容を，商談前に十分に準備しているともいえる。第4章で分かったように，低OI企業は，すべてを準備して揃えた上でそれらをテーブルに並べ，買い手に評価してもらうという姿勢のため，事前にしっかりと準備することとなる。一方，高OI企業は，買い手とのコミュニケーションから，買い手が欲しいデータを上手く聞き出し，それを次回の商談

時に用意するという姿勢のため，初回の商談は十分な準備とはいえないのかもしれない。

　また，高OI企業は，商談が成功していると実感している。こうした自信が余裕となり，ゆとりをもって商談を進めることができる。そして，今回の成功経験が，次の製品の商談時にもプラスの影響を与えることとなる。

　信頼は重回帰分析でもSEMの分析でも有意な変数とはならなかったが，このt検定では有意となった。質問項目「相手との間に信頼関係があった方が良いと思う」の高OI企業の平均値は4.90ときわめて高い。「相手との間に信頼関係を築いている」の平均値も4.20と高く，高OI企業は，買い手との間に信頼関係を結び，商談を良好な関係の中で進めることができていると思われる。だからこそ，買い手が欲しいデータを上手く聞き出すことができ，商談が成功していると実感できるのであろう。

# 5-9　商談は誰が行うべきか

　これまで，オープン・イノベーションにおけるライセンシング契約を締結するには商談が重要であり，顧客志向を意識したコミュニケーションが重要となることを議論してきた。それでは商談（交渉）は誰が行うべきだろうか。

　第4節で示したように，回答企業の従業員数の平均値は12.76名であった。そして，マーケティング担当者数は2.27名，営業担当者数は2.31名，商談（交渉）担当者数は2.49名だった。マーケティング，営業，商談（交渉）の担当者数は重複回答が可能であり，回答欄に同じ人数を記入している企業が多かったことから，多くの企業で2名ほどの人物がマーケティング，営業，商談（交渉）を兼務していることと思われる。技術志向型の企業13名のうちの2名であれば，むしろ多いと感じるかもしれない。しかし，0名の企業も数社あった。さらに，「誰が商談（交渉）を行うのか」といった質問に対して，回答者42社のうちの30社が代表取締役（社長，CEOの表現を含む）であり，それ以外の回答でも取締役や部長などの管理職ばかりであった。つまり，多くの企業で経

営幹部が商談を担っていることが分かった。

　ここで注意が必要となる。なぜなら，マーケティング，営業，商談（交渉）の担当者数とは専門のスタッフではなく，代表取締役（社長，CEOの表現を含む）と取締役や部長などの経営幹部であるかもしれないからである。われわれの質問票の意図としては専門のスタッフの数を想定していたが，それだと「誰が商談（交渉）を行うのか」の質問で回答の多くが代表取締役（社長，CEOの表現を含む）であることと矛盾してしまう。そのため，平均2名強の人員とは，代表取締役（社長，CEOの表現を含む）と取締役や部長などの経営幹部と考える方が自然かもしれない。その場合，従事してはいるものの，マーケティング，営業，商談（交渉）に関する専門知識を有する人材は，企業内に存在しないことが考えられる。

　経営幹部のほとんどは理系研究者であるため，マーケティング，営業，商談（交渉）の知識や経験，スキルが十分でないことが多い。経営幹部が技術的な知識のみに特化している場合，ベンチャー企業の長期的な発展は困難である（Oakey, 1991）。マーケティングの専門家の欠如は，企業のマーケティング活動の障害となるのはもちろんのこと，技術イノベーションの障害ともなりうる（Bosworth and Jacobs, 1989；Freel, 2000；稲村, 2018）。

　候補物質については，起業した代表取締役がもっとも詳しいことが多いため，技術的な知識に詳しい代表取締役と，マーケティング，営業，商談（交渉）に長けた人物とで一緒に，商談活動を行うことが望まれる。マーケティング，営業，商談（交渉）の専門家スタッフの採用と，商談のマネジメントに関する彼らへの権限の委譲は創薬ベンチャーにとっての急務な課題といえる。

## 5-10　まとめ

　これまでのオープン・イノベーションに関する研究では，ライセンシングのようなアウトバウンド型の先行研究が少ない。そして，存在する数少ない先行研究は，アウトバウンド型の成果に関するものが多い。競合企業数などの外部

要因や，移転能力や吸収能力といった組織能力などの内部要因がオープン・イノベーションに与える影響について調査するものもある。しかし，そうした先行研究においてコミュニケーションが取り上げられることはなかった。これに対して，本研究はコミュニケーションの重要性を指摘することができた。コミュニケーションはオープン・イノベーションに直接的に影響を及ぼすが，それ以上に，コミュニケーションは顧客志向を媒介として，オープン・イノベーションを高めることが分かった。技術志向型の企業において，コミュニケーションへの意識は低くなりがちだが，コミュニケーションへの意識を高めることが，オープン・イノベーションのパフォーマンスを高めることにつながっていくのである。

　多くの創薬ベンチャーの経営者が「商談は売り込みの場である」という認識を持っているが，コミュニケーションにおいては，顧客のニーズを把握して対応することが重要となる。ここでの顧客のニーズとは，おもに副作用（安全性）に関するデータである。そして，顧客のニーズを知って，データを追加し，製品を軌道修正し，再構築することが必要である。この製品の追加・修正・再構築は，候補物質が知識製品であるからこそ，有効となる。知識製品は，見る人・使う人によってその価値や懸念事項が異なる文脈依存の性質である。そのため，製品を全部揃えてから見せるのではなく，相手とのコミュニケーションを通じて，相手にとっての不安を解消するとともに，知識製品を評価するのに相手が必要とする情報を追加し，相手の知識を高めていくことが望まれる。つまり，コミュニケーションを通じて，自社の知識製品を買い手にとって価値のあるもの，言い換えれば買い手が求める製品として仕立てていく作業が必要となる。それは知識が文脈依存の性格であるため，買い手によって懸念事項が異なるからである。また，知識製品は累積性という，知識を積み上げていく性格でもあるため，顧客が必要とするデータを付け加えていくことが可能であり，そうしたスタイルの商談を可能にするのである。

## ≪章末付録≫　質問票の内容

【御社に関する質問】

1．いつ設立されましたか・・・・・・・・・・・・・・・・・・・・・・・・・・・ 西暦＿＿＿＿＿＿＿＿＿＿年


2．主な業務は何ですか。該当するもの1つにチェックしてください
　　　　　　□1　　創薬研究　　　　　　□2　　基盤技術開発
　　　　　　□3　　技術・ツール開発　　□4　　情報処理・解析
　　　　　　□5　　創薬・研究支援　　　□6　　それ以外（　　　　　　　　　　　　　　）


3．従業員数は何名ですか（パート・アルバイトを含めず）・・・・・・＿＿＿＿＿＿＿＿＿名


4．マーケティング・営業・商談（交渉）担当の数はそれぞれ何名ですか（重複しても構いません）
　　（該当しない場合は「×」とお答えください）
　　1．マーケティング　　　＿＿＿＿＿＿名
　　2．営業　　　　　　　　＿＿＿＿＿＿名
　　3．商談（交渉）　　　　＿＿＿＿＿＿名


5．「はい」「いいえ」のどちらかにチェックしてください
　　1．今までにライセンシングしたことがある　　　　　　　　　はい □1　　いいえ □2
　　2．共同研究を行っている（過去に行ったことがある場合も含む）　はい □1　　いいえ □2
　　3．資金援助や補助金を受けている（過去に受けたことがある場合も含む）
　　　　　　　　　　　　　　　　　　　　　　　　　　　　　　はい □1　　いいえ □2


6．御社が有する数をお教えください（該当しない場合は「×」とお答えください）
　　1．物質特許の数　　　　　＿＿＿＿＿＿個
　　2．技術特許の数　　　　　＿＿＿＿＿＿個
　　3．パイプラインの数　　　＿＿＿＿＿＿個
　　4．今までにライセンシングした製品（候補物質・技術など）の数　　＿＿＿＿＿＿個


|  | まったく<br>そう思わない | | どちらでもない | | 非常に<br>そう思う |
|---|---|---|---|---|---|

7．これまでの御社の売上・利益は順調だ・・・・・・・・・　□1　　□2　　□3　　□4　　□5

|  | まったく<br>そう思わない | | どちらでもない | | 非常に<br>そう思う |
|---|---|---|---|---|---|

8．これまでの御社の業績に満足している・・・・・・・・・・　□1　　□2　　□3　　□4　　□5

第5章　商談におけるコミュニケーション—質問票調査

【商談（交渉）に関する質問】

9. 下線部分に，御社での役職名をご記入ください（該当しない場合は「×」とお答えください）
　　1．誰が，商談（交渉）を行うのか　　　　＿＿＿＿＿＿＿＿＿＿
　　2．誰が，商談（交渉）先を見つけるのか　＿＿＿＿＿＿＿＿＿＿

10. 商談の内容に関して，それぞれ該当する箇所1つにチェックしてください（複数回の商談経験がある場合，御社における一般的な商談をイメージしてください）
　　＊質問文では「製品」としていますが，御社の候補物質や技術に関してご回答ください

| | まったく<br>当てはまらない | | どちらとも<br>いえない | | 大変<br>当てはまる |
|---|---|---|---|---|---|
| 1．伝える内容を，商談前に十分に準備している | □1 | □2 | □3 | □4 | □5 |
| 2．御社が伝えたいことは，相手（買い手）に十分に伝わっている | □1 | □2 | □3 | □4 | □5 |
| 3．自社製品の特性や価値を伝えることに努めている | □1 | □2 | □3 | □4 | □5 |
| 4．相手の興味や関心を引き上げることに努めている | □1 | □2 | □3 | □4 | □5 |
| 5．相手が今後行うべきことを示している | □1 | □2 | □3 | □4 | □5 |
| 6．相手にとってのメリットを提案している | □1 | □2 | □3 | □4 | □5 |
| 7．相手が欲しいデータを把握している | □1 | □2 | □3 | □4 | □5 |
| 8．相手が欲しいデータに対応できている | □1 | □2 | □3 | □4 | □5 |
| 9．相手のニーズを把握している | □1 | □2 | □3 | □4 | □5 |
| 10．相手の困りごとを把握している | □1 | □2 | □3 | □4 | □5 |
| 11．漏えいを恐れて，自社製品の内容を十分には伝えられない | □1 | □2 | □3 | □4 | □5 |
| 12．過去の商談内容を振り返っている | □1 | □2 | □3 | □4 | □5 |

11. 商談相手との関係に関して，それぞれ該当する箇所1つにチェックしてください

| | まったく<br>当てはまらない | | どちらとも<br>いえない | | 大変<br>当てはまる |
|---|---|---|---|---|---|
| 1．御社の売り込みから，商談が始まることが多い | □1 | □2 | □3 | □4 | □5 |
| 2．相手の連絡から，商談が始まることが多い | □1 | □2 | □3 | □4 | □5 |
| 3．相手のことをよく考えて商談をしている | □1 | □2 | □3 | □4 | □5 |
| 4．相手の十分な反応を得ることができている | □1 | □2 | □3 | □4 | □5 |
| 5．相手との間に信頼関係を築いている | □1 | □2 | □3 | □4 | □5 |
| 6．相手との間に信頼関係があった方が良いと思う | □1 | □2 | □3 | □4 | □5 |
| 7．商談は，出たとこ勝負である感は否めない | □1 | □2 | □3 | □4 | □5 |
| 8．商談は，受け身となることも多い | □1 | □2 | □3 | □4 | □5 |
| 9．これまでの相手は，主に国内である | □1 | □2 | □3 | □4 | □5 |
| 10．これまでの相手は，主に海外である | □1 | □2 | □3 | □4 | □5 |
| 11．研究活動において，商談相手は，ライバルとなることもある | □1 | □2 | □3 | □4 | □5 |

83

12. 商談の認識に関して，それぞれ該当する箇所1つにチェックしてください

|  | まったく<br>当てはまらない | | どちらとも<br>いえない | | 大変<br>当てはまる |
|---|---|---|---|---|---|
| 1．秘密保持契約を結ぶまでが難しい ‥‥‥‥‥‥ | □1 | □2 | □3 | □4 | □5 |
| 2．秘密保持契約を結んでからが難しい‥‥‥‥‥‥ | □1 | □2 | □3 | □4 | □5 |
| 3．御社では，商談への意識が高い ‥‥‥‥‥‥‥ | □1 | □2 | □3 | □4 | □5 |
| 4．御社のなかに，商談のマニュアルが存在する ‥‥‥ | □1 | □2 | □3 | □4 | □5 |
| 5．御社のなかで，誰が商談を担当するかによって，結<br>果が変わる ‥‥‥‥‥‥‥‥‥‥‥‥‥‥‥‥ | □1 | □2 | □3 | □4 | □5 |
| 6．製品が優れていれば，商談のレベルは関係ないと思<br>う‥‥‥‥‥‥‥‥‥‥‥‥‥‥‥‥‥‥‥‥‥ | □1 | □2 | □3 | □4 | □5 |
| 7．御社の商談はレベルが高い ‥‥‥‥‥‥‥‥‥ | □1 | □2 | □3 | □4 | □5 |
| 8．御社の商談は成功している ‥‥‥‥‥‥‥‥‥ | □1 | □2 | □3 | □4 | □5 |

## 【製品とビジネスに関する質問】

13. 御社の代表的な製品（候補物質・技術など）に関して，それぞれ該当する箇所1つにチェックして
ください

|  | まったく<br>当てはまらない | | どちらとも<br>いえない | | 大変<br>当てはまる |
|---|---|---|---|---|---|
| 1．相手にとって大きなメリットがある‥‥‥‥‥‥ | □1 | □2 | □3 | □4 | □5 |
| 2．御社の製品は非常に画期的である ‥‥‥‥‥‥ | □1 | □2 | □3 | □4 | □5 |
| 3．他社の製品より明らかに優れている‥‥‥‥‥‥ | □1 | □2 | □3 | □4 | □5 |
| 4．価値や魅力を，数値や図表などを使って明確に表現<br>し易い ‥‥‥‥‥‥‥‥‥‥‥‥‥‥‥‥‥‥ | □1 | □2 | □3 | □4 | □5 |
| 5．最終製品化に向けて，相手は今後行うべきことをイ<br>メージし易い ‥‥‥‥‥‥‥‥‥‥‥‥‥‥‥ | □1 | □2 | □3 | □4 | □5 |
| 6．相手の企業によって，御社の製品の価値は変わる‥ | □1 | □2 | □3 | □4 | □5 |
| 7．同じ相手企業でも，面談相手によって，御社の製品<br>の価値は変わる‥‥‥‥‥‥‥‥‥‥‥‥‥‥‥ | □1 | □2 | □3 | □4 | □5 |
| 8．同じ相手でも，相手の置かれる状況によって，製品<br>の価値は変わる‥‥‥‥‥‥‥‥‥‥‥‥‥‥‥ | □1 | □2 | □3 | □4 | □5 |
| 9．御社の製品の価値を，相手が理解できていないこと<br>もある ‥‥‥‥‥‥‥‥‥‥‥‥‥‥‥‥‥‥ | □1 | □2 | □3 | □4 | □5 |
| 10．相手は，御社の製品に関して，御社と同等の知識量<br>がある‥‥‥‥‥‥‥‥‥‥‥‥‥‥‥‥‥‥‥ | □1 | □2 | □3 | □4 | □5 |
| 11．御社の製品は，最終製品化までの時間が非常に重要<br>である‥‥‥‥‥‥‥‥‥‥‥‥‥‥‥‥‥‥‥ | □1 | □2 | □3 | □4 | □5 |
| 12．御社の製品は，知識・情報面での陳腐化が早い‥‥ | □1 | □2 | □3 | □4 | □5 |
| 13．特許で守られているため，製品の中味を公開しても<br>構わない‥‥‥‥‥‥‥‥‥‥‥‥‥‥‥‥‥‥ | □1 | □2 | □3 | □4 | □5 |
| 14．御社の製品には，ライバル企業が少ない‥‥‥‥ | □1 | □2 | □3 | □4 | □5 |

14. 御社のビジネスに関して，それぞれ該当する箇所1つにチェックしてください

|  | まったく<br>当てはまらない | | どちらとも<br>いえない | | 大変<br>当てはまる |
|---|---|---|---|---|---|
| 1. 御社のビジネスの能力は高い・・・・・・・・・・・・・・ | □1 | □2 | □3 | □4 | □5 |
| 2. 御社の人脈は，国内で広い ・・・・・・・・・・・・・・ | □1 | □2 | □3 | □4 | □5 |
| 3. 御社の人脈は，海外で広い ・・・・・・・・・・・・・・ | □1 | □2 | □3 | □4 | □5 |
| 4. 資金繰りの面から，製品を早く売りたい ・・・・・・・ | □1 | □2 | □3 | □4 | □5 |
| 5. 資金的に余裕がある ・・・・・・・・・・・・・・・・・・・ | □1 | □2 | □3 | □4 | □5 |
| 6. 御社に対する投資家の関心は高いと思う ・・・・・・・ | □1 | □2 | □3 | □4 | □5 |
| 7. 学術的に画期的な製品であれば，ビジネスとして成<br>　 功すると思う ・・・・・・・・・・・・・・・・・・・・・・・ | □1 | □2 | □3 | □4 | □5 |

15. 御社の商談（交渉）活動に関して，何か特徴がございましたら，ご記入頂ければ幸いです。

# 第 6 章

# オープン・イノベーションの活性化にむけて
## ——企業へのインプリケーション

## 6-1　はじめに

　第5章では，質問票調査を行い，7つの仮説を設定して，その分析を行った。質問票では仮説検証のための質問以外にも，たくさんの質問を用意した。そこでこの章では，第5章で行っていない箇所の分析を行っていく。質問票の1.「いつ設立されましたか」から9.「誰が，商談（交渉）を行うのか」と「誰が，商談（交渉）先を見つけるのか」までは第5章で示したため，リッカート形式による10.（商談の内容）以降がここでの分析対象となる。7つの仮説検証に用いた質問項目は，10.（商談の内容）から14.（御社のビジネス）に散らばっており，すべてを用いたわけではないため，10.（商談の内容）から順に分析し，結果を示していく。なお，分析は第5章と同様に，まず平均と標準偏差，相関係数を示したのち，オープン・イノベーションのパフォーマンスを被説明変数とした重回帰分析と，高OI（オープン・イノベーション）企業と低OI企業とに分けたt検定（対応のないt検定）を行っていく。

　なお，サンプルとなる企業は『バイオベンチャー大全』に掲載されている企業であり，第5章で述べたように，ある程度の実績や注目の知識製品を有している企業である。すべての企業が自社のオープン・イノベーションの現状に高く満足しているわけではないが，創薬ベンチャー全体から見れば，企業業績が相対的に良く，オープン・イノベーションに結びつきやすい企業群であるとい

える。

## 6-2　商談の内容

### 6-2-1　平均・標準偏差・相関係数

　12個の質問項目の平均と標準偏差，相関係数は**表6－1**に示される。

　最初の質問「伝える内容を，商談前に十分に準備している」から4番目の「相手の興味や関心を引き上げることに努めている」までの4つの質問項目は「コミュニケーション」の観測変数（「コミュニケーション」変数を構成する質問項目）であり，5番目の「相手が今後行うべきことを示している」から8番目の「相手が欲しいデータに対応できている」までの4つの質問項目は「顧客志向」の観測変数である。

　「自社製品の特性や価値を伝えることに努めている」に対する回答の平均値は4.48，「相手の興味や関心を引き上げることに努めている」の平均値は4.22，「相手にとってのメリットを提案している」の平均値は4.17と高い。そのため，多くの回答企業が自社製品（候補物質）の価値を伝え，相手の関心を高めることへの意識が高いことは明らかである。「伝える内容を，商談前に十分に準備している」の平均値も4.36と高く，自社製品の価値を伝えるための準備に十分な時間を割いていることも分かる。また，「漏えいを恐れて，自社製品の内容を十分には伝えられない」の平均値は1.90と低いことから，自社製品の価値を十分に伝えられていると各社は認識していることもうかがい知れる。

　一方，「相手が欲しいデータを把握している」の平均値は3.64，「相手が欲しいデータに対応できている」の平均値は3.38，「相手のニーズを把握している」の平均値は3.67，「相手の困りごとを把握している」の平均値は3.43である。自社製品の価値を伝えることに比べて，顧客ニーズの把握と対応に関するこれらの回答の平均値が相対的に低いことが分かる。BtoBの場で広く実践されているような，顧客ニーズを把握してそれに対応する問題解決型の営業よりも，自

### 表6-1　商談の内容に関する平均・標準偏差・相関係数

| 質問項目 | 平均 | 標準偏差 | 1 | 2 | 3 | 4 | 5 | 6 | 7 | 8 | 9 | 10 | 11 | 12 |
|---|---|---|---|---|---|---|---|---|---|---|---|---|---|---|
| 伝える内容を，商談前に十分に準備している | 4.36 | 0.868 | — | | | | | | | | | | | |
| 御社が伝えたいことは，相手(買い手)に十分に伝わっている | 3.93 | 0.910 | 0.545** | — | | | | | | | | | | |
| 自社製品の特性や価値を伝えることに努めている | 4.48 | 0.732 | 0.632** | 0.516** | — | | | | | | | | | |
| 相手の興味や関心を引き上げることに努めている | 4.22 | 1.024 | 0.399** | 0.430** | 0.537** | — | | | | | | | | |
| 相手が今後行うべきことを示している | 3.93 | 0.936 | 0.412** | 0.469** | 0.502** | 0.469** | — | | | | | | | |
| 相手にとってのメリットを提案している | 4.17 | 0.753 | 0.419** | 0.365* | 0.634** | 0.523** | 0.422** | — | | | | | | |
| 相手が欲しいデータを把握している | 3.64 | 0.840 | 0.403** | 0.558** | 0.432** | 0.397* | 0.755** | 0.470** | — | | | | | |
| 相手が欲しいデータに対応できている | 3.38 | 0.815 | 0.312* | 0.614** | 0.295 | 0.332* | 0.504** | 0.323* | 0.685** | — | | | | |
| 相手のニーズを把握している | 3.67 | 0.777 | 0.247 | 0.404** | 0.237 | 0.240 | 0.229 | 0.421** | 0.511** | 0.464** | — | | | |
| 相手の困りごとを把握している | 3.43 | 0.929 | 0.341* | 0.458* | 0.190 | 0.280 | 0.227 | 0.374* | 0.592** | 0.539** | 0.792** | — | | |
| 漏えいを恐れて，自社製品の内容を十分には伝えられない | 1.90 | 1.087 | -0.141 | -0.103 | -0.183 | -0.226 | -0.241 | -0.126 | -0.272 | -0.335* | -0.207 | -0.337* | — | |
| 過去の商談内容を振り返っている | 3.50 | 1.118 | 0.380* | 0.269 | 0.495** | 0.561** | 0.262 | 0.523** | 0.190 | 0.131 | 0.192 | 0.160 | -0.235 | — |

$^*p<0.05$, $^{**}p<0.01$

社製品の価値を伝えるプッシュ型の営業が広く行われているといえる。つまり，「商談とは売り込みの場である」型の企業が多いことが分かる。

## 6-2-2　重回帰分析

　12個の質問項目を説明変数，オープン・イノベーションのパフォーマンスを被説明変数とした重回帰分析を行った（表6-2）。「オープン・イノベーショ

ン」変数に関しては，第5章で説明したように，「これまでの御社の売上・利益は順調だ」と「これまでの御社の業績に満足している」とを用いた。

　しかし，分散分析のF値=1.719（$p$=0.116）であり，$p>0.05$となってしまった。これは，重回帰式により説明できる被説明変数の変動が統計的検定によって確認することができないことを意味しており，すべての偏回帰係数が0かもしれない可能性を否定することはできない。回帰モデルの信頼性は低く，もっといえば，回帰モデルは有効ではないといえる。そのため，重回帰分析の結果を用いることは適切ではない。

表6-2　商談の内容に関する重回帰分析

| 質問項目 | 標準偏回帰係数 |
|---|---|
| 伝える内容を，商談前に十分に準備している | -0.361 |
| 御社が伝えたいことは，相手（買い手）に十分に伝わっている | 0.290 |
| 自社製品の特性や価値を伝えることに努めている | -0.551 |
| 相手の興味や関心を引き上げることに努めている | -0.035 |
| 相手が今後行うべきことを示している | 0.505 |
| 相手にとってのメリットを提案している | 0.250 |
| 相手が欲しいデータを把握している | -0.204 |
| 相手が欲しいデータに対応できている | 0.107 |
| 相手のニーズを把握している | 0.243 |
| 相手の困りごとを把握している | -0.248 |
| 漏えいを恐れて，自社製品の内容を十分には伝えられない | 0.093 |
| 過去の商談内容を振り返っている | 0.230 |
| 自由度調整済決定係数 | 0.177 |
| F値 | 1.719 |

$^{*}p<0.05$, $^{**}p<0.01$

## 6-2-3　t検定

　第5章第8節と同様に，「オープン・イノベーション」変数の高低により，データを2つに分け，両者のデータ間で差があるのかどうかのt検定（対応のないt検定）を行った。具体的には，「これまでの御社の売上・利益は順調だ」

90

と「これまでの御社の実績に満足している」の2つの質問項目に関して，ともに「5（非常にそう思う）」か「4（そう思う）」に回答したものを「高OI（OIはオープン・イノベーションの略）」の企業と分類し，「1（まったくそう思わない）」か「2（そう思わない）」に回答したものを「低OI」の企業と分類して，データを2つに分けた。つまり，「4」と「3（どちらでもない）」，「5」と「3」，あるいは「2」と「3」，「1」と「3」，または2問とも「3」に回答した企業は，どちらのデータにも含めていない。その結果，「高OI」企業のサンプル数は10，「低OI」企業のサンプル数は16となり，どちらでもない企業のサンプル数は16だった。

　高OI企業と低OI企業とに分けたt検定の結果は，**表6-3**にまとめられる。その結果，「相手にとってのメリットを提案している」では，高OI企業の平均値が4.50，低OI企業の平均値が4.00と有意な差が生じた。この結果から，オープン・イノベーションを成功に導くには，相手にとってのメリットをしっかり提案できているか否かが鍵となる。

　もう1つ，有意な結果となったのは，「伝える内容を，商談前に十分に準備している」であるが，高OI企業の平均値が3.80，低OI企業の平均値が4.50と，低OI企業の平均値の方が高くなった。先述したように，低OI企業は，商談において，すべてを準備して揃えた上でそれらをテーブルに並べ，買い手に評価してもらうという姿勢のため，事前にしっかりと準備することとなる。一方，高OI企業は，買い手とのコミュニケーションから，買い手が欲しいデータを上手く聞き出し，それを次回の商談時に用意するという姿勢のため，初回の商談は十分な準備とはいえないのかもしれない。

　有意な差となってはないものの，「御社が伝えたいことは，相手（買い手）に伝わっている」と「自社製品の特性や価値を伝えることに努めている」とでも低OI企業の方が平均値が高い。しかし，自社製品の特性や価値を伝える際には，売り込むだけでなく，相手の立場に立って，相手にとってのメリットを提案できていることが重要なのである。

表6-3　商談の内容に関するt検定

| 質問項目 | 高OI (n=10) | | 低OI (n=16) | | t検定の結果 |
|---|---|---|---|---|---|
| | 平均 | 標準偏差 | 平均 | 標準偏差 | |
| 伝える内容を，商談前に十分に準備している | 3.80 | 0.980 | 4.50 | 0.866 | * |
| 御社が伝えたいことは，相手(買い手)に十分に伝わっている | 3.60 | 0.917 | 4.00 | 0.935 | |
| 自社製品の特性や価値を伝えることに努めている | 4.30 | 0.781 | 4.56 | 0.864 | |
| 相手の興味や関心を引き上げることに努めている | 4.20 | 1.077 | 4.20 | 0.909 | |
| 相手が今後行うべきことを示している | 3.70 | 1.187 | 3.69 | 0.916 | |
| 相手にとってのメリットを提案している | 4.50 | 0.671 | 4.00 | 0.791 | * |
| 相手が欲しいデータを把握している | 3.40 | 1.114 | 3.44 | 0.609 | |
| 相手が欲しいデータに対応できている | 3.20 | 0.980 | 3.38 | 0.599 | |
| 相手のニーズを把握している | 3.60 | 0.800 | 3.63 | 0.696 | |
| 相手の困りごとを把握している | 3.20 | 1.249 | 3.50 | 0.791 | |
| 漏えいを恐れて，自社製品の内容を十分には伝えられない | 2.00 | 1.265 | 1.69 | 0.916 | |
| 過去の商談内容を振り返っている | 3.90 | 1.136 | 3.38 | 1.111 | |

$^*p<0.05$, $^{**}p<0.01$

# 6-3　商談相手との関係

## 6-3-1　平均・標準偏差・相関係数

　11個の質問項目の平均と標準偏差，相関係数は表6-4に示される。

　5番目の「相手との間に信頼関係を築いている」と6番目の「相手との間に信頼関係があった方が良いと思う」との2つの質問項目は「信頼」の観測変数である。

　「相手との間に信頼関係を築いている」に対する回答の平均値は3.95，「相手との間に信頼関係があった方が良いと思う」の平均値は4.64と高く，回答企業は信頼の必要性を強く感じており，実際に信頼を築いていると認識する企業も多いことが分かる。

　反対に，「商談は，出たとこ勝負である感は否めない」の平均値は2.24，「商談は，受け身となることも多い」の平均値も2.55と低く，受け身となることな

く，商談を主体的に進めていることが読み取れる。

　また，「これまでの相手は，主に国内である」の平均値は4.14であるのに対し，「これまでの相手は，主に海外である」の平均値は2.50と低く，多くの回答企業は，主に国内企業を商談（ライセンシング）の対象としている。

表6-4　商談相手との関係に関する平均・標準偏差・相関係数

| 質問項目 | 平均 | 標準偏差 | 1 | 2 | 3 | 4 | 5 | 6 | 7 | 8 | 9 | 10 | 11 |
|---|---|---|---|---|---|---|---|---|---|---|---|---|---|
| 御社の売り込みから，商談が始まることが多い | 3.02 | 1.205 | — | | | | | | | | | | |
| 相手の連絡から，商談が始まることが多い | 3.40 | 0.901 | -0.513** | — | | | | | | | | | |
| 相手のことをよく考えて商談をしている | 4.21 | 0.708 | 0.106 | 0.051 | — | | | | | | | | |
| 相手の十分な反応を得ることができている | 3.62 | 0.785 | 0.110 | 0.016 | 0.446** | — | | | | | | | |
| 相手との間に信頼関係を築いている | 3.95 | 0.722 | 0.029 | 0.066 | 0.532** | 0.682** | — | | | | | | |
| 相手との間に信頼関係があった方が良いと思う | 4.64 | 0.781 | 0.009 | 0.239 | 0.611** | 0.360** | 0.561** | — | | | | | |
| 商談は，出たとこ勝負である感は否めない | 2.24 | 1.087 | -0.168 | 0.169 | -0.345* | -0.368* | -0.228 | -0.096 | — | | | | |
| 商談は，受け身となることも多い | 2.55 | 0.851 | -0.152 | 0.052 | 0.042 | -0.187 | -0.113 | 0.008 | 0.219 | — | | | |
| これまでの相手は，主に国内である | 4.14 | 0.861 | 0.111 | 0.324* | 0.340* | 0.257 | 0.241 | 0.359* | -0.189 | -0.042 | — | | |
| これまでの相手は，主に海外である | 2.50 | 0.932 | 0.074 | -0.071 | -0.306* | -0.163 | -0.035 | -0.114 | 0.235 | -0.045 | -0.564** | — | |
| 研究活動において，商談相手は，ライバルとなることもある | 2.79 | 1.245 | 0.305* | -0.283 | -0.029 | -0.181 | -0.144 | -0.030 | 0.196 | 0.201 | -0.194 | 0.154 | — |

$^*p<0.05$, $^{**}p<0.01$

## 6-3-2　重回帰分析

　11個の質問項目を説明変数，オープン・イノベーションのパフォーマンスを被説明変数とした重回帰分析を行った（表6-5）。

しかし，分散分析のF値=1.517（p=0.177）であり，p>0.05となってしまった。回帰モデルの信頼性は低く，有効ではないといえる。そのため，重回帰分析の結果を用いることは適切ではない。

表6-5　商談相手との関係に関する重回帰分析

| 質問項目 | 標準偏回帰係数 |
|---|---|
| 御社の売り込みから，商談が始まることが多い | 0.010 |
| 相手の連絡から，商談が始まることが多い | 0.188 |
| 相手のことをよく考えて商談をしている | 0.044 |
| 相手の十分な反応を得ることができている | 0.432 |
| 相手との間に信頼関係を築いている | -0.292 |
| 相手との間に信頼関係があった方が良いと思う | 0.104 |
| 商談は，出たとこ勝負である感は否めない | 0.208 |
| 商談は，受け身となることも多い | -0.294 |
| これまでの相手は，主に国内である | -0.318 |
| これまでの相手は，主に海外である | -0.024 |
| 研究活動において，商談相手は，ライバルとなることもある | -0.263 |
| 自由度調整済決定係数 | 0.122 |
| F値 | 1.517 |

$^{*}p<0.05,\ ^{**}p<0.01$

## 6-3-3　t検定

「オープン・イノベーション」変数の高低により，データを2つに分け，両者のデータ間で差があるのかどうかのt検定を行った。高OI企業と低OI企業とに分けたt検定の結果は，表6-6にまとめられる。

その結果，「相手との間に信頼関係を築いている」では，高OI企業の平均値が4.20，低OI企業の平均値が3.81と有意な差が生じた。そのため，高OI企業は，買い手との間に信頼関係を結び，商談を良好な関係のなかで進めることができていると思われる。

また，「相手との間に信頼関係があった方が良いと思う」でも，高OI企業の平均値が4.90，低OI企業の平均値が4.44と有意な差が生じた。高OI企業の平均

表6-6　商談相手との関係に関するt検定

| 質問項目 | 高OI (n=10) | | 低OI (n=16) | | t検定の結果 |
|---|---|---|---|---|---|
| | 平均 | 標準偏差 | 平均 | 標準偏差 | |
| 御社の売り込みから，商談が始まることが多い | 2.90 | 1.446 | 3.06 | 1.248 | |
| 相手の連絡から，商談が始まることが多い | 3.60 | 1.020 | 3.19 | 1.014 | |
| 相手のことをよく考えて商談をしている | 4.50 | 0.671 | 4.19 | 0.808 | |
| 相手の十分な反応を得ることができている | 4.00 | 0.894 | 3.44 | 0.864 | * |
| 相手との間に信頼関係を築いている | 4.20 | 0.400 | 3.81 | 0.882 | * |
| 相手との間に信頼関係があった方が良いと思う | 4.90 | 0.300 | 4.44 | 1.059 | * |
| 商談は，出たとこ勝負である感は否めない | 2.30 | 1.345 | 2.06 | 1.029 | |
| 商談は，受け身となることも多い | 2.00 | 0.775 | 2.69 | 0.845 | * |
| これまでの相手は，主に国内である | 4.30 | 0.900 | 4.06 | 0.899 | |
| これまでの相手は，主に海外である | 2.30 | 0.640 | 2.38 | 0.927 | |
| 研究活動において，商談相手は，ライバルとなることもある | 2.50 | 1.285 | 2.94 | 1.144 | |

$^*p<0.05$, $^{**}p<0.01$

値は4.90ときわめて高く，高OI企業は信頼の必要性を特に認識していることが分かる。低OI企業の平均値も4.44と高いため，OIの高低に関わらず，多くの企業が信頼の必要性を感じていることが分かる。とはいえ，第5章の分析では，信頼はオープン・イノベーションを高める要因とはならなかった。信頼の認識に関してはあらためて研究する必要があり，今後の研究課題に残したい。

　「相手の十分な反応を得ることができている」でも，高OI企業の平均値が4.00，低OI企業の平均値が3.44と有意な差が生じた。相手のニーズを聞き出すことができ，それに対応することで，相手の十分な反応を得ることができる。また，相手の十分な反応により，さらなる相手のニーズを聞き出すことができ，それに対応することも可能になる。その結果，好意的な評価を得ることができ，良好な関係の構築や，信頼関係の構築につながっていくこととなる。

　もう1つ，「商談は，受け身となることも多い」では，高OI企業の平均値が2.00，低OI企業の平均値が2.69と有意な差が生じた。どちらの平均値も低いため，主体的に商談を進めていると多くの企業は自己評価しているものの，高OI企業の方が数値が低いため，高OI企業はかなり主体的に商談を進めること

ができていると思われる。反対に，低OI企業の方が商談では相対的に受け身になっているといえる。

# 6-4　商談の認識

## 6-4-1　平均・標準偏差・相関係数

　8個の質問項目の平均と標準偏差，相関係数は**表6-7**に示される。

　3番目の「御社では，商談への意識が高い」，7番目の「御社の商談はレベルが高い」，そして8番目の「御社の商談は成功している」の3つの質問項目は「商談重視」の観測変数である。

　「御社のなかに，商談のマニュアルが存在する」に対する回答の平均値は1.55ときわめて低い。これは，すべての質問項目のなかでもっとも低い数値であった。回答企業の商談経験が少ないこともあり，また製品や相手によって商談の進め方が大きく異なるため，ほとんどの回答企業は商談のマニュアルを作成していないと思われる。

　「秘密保持契約を結ぶまでが難しい」の平均値は2.24と低く，「秘密保持契約を結んでからが難しい」の平均値は3.40と相対的に高くなった。インタビュー調査において，「秘密保持契約を結ぶのが難しい」といった声をよく聞くが，この数値を見るとそうではないことが分かる。本章の冒頭で述べたように，サンプルとなる企業は『バイオベンチャー大全』に掲載されている企業であり，ある程度の実績や注目の知識製品を有している企業である。そのため，秘密保持契約を結ぶのは難しくないのかもしれない。

　「御社の商談はレベルが高い」の平均値は3.05であり，「御社の商談は成功している」の平均値は3.19だった。どちらもさほど高い数値ではなく，多くの回答企業が，自社の商談のレベルや実績に満足しているわけではない。

**表6-7　商談の認識に関する平均・標準偏差・相関係数**

| 質問項目 | 平均 | 標準偏差 | 1 | 2 | 3 |
|---|---|---|---|---|---|
| 秘密保持契約を結ぶまでが難しい | 2.24 | 1.042 | — | | |
| 秘密保持契約を結んでからが難しい | 3.40 | 1.135 | 0.200 | — | |
| 御社では，商談への意識が高い | 3.76 | 1.019 | -0.036 | -0.143 | — |
| 御社のなかに，商談のマニュアルが存在する | 1.55 | 0.697 | 0.279 | -0.220 | 0.083 |
| 御社のなかで，誰が商談を担当するかによって，結果が変わる | 2.81 | 1.006 | -0.048 | 0.172 | -0.440 |
| 製品が優れていれば，商談のレベルは関係ないと思う | 2.43 | 1.050 | 0.429** | -0.086 | 0.162 |
| 御社の商談はレベルが高い | 3.05 | 0.785 | -0.159 | -0.128 | 0.639** |
| 御社の商談は成功している | 3.19 | 0.879 | 0.002 | -0.316* | 0.396** |

*$p<0.05$, **$p<0.01$

| 4 | 5 | 6 | 7 | 8 |
|---|---|---|---|---|
| | | | | |
| | | | | |
| | | | | |
| — | | | | |
| 0.013 | — | | | |
| 0.330* | -0.351* | — | | |
| -0.048 | -0.019 | -0.083 | — | |
| -0.015 | 0.068 | 0.015 | 0.573* | — |

## 6-4-2　重回帰分析

　8個の質問項目を説明変数，オープン・イノベーションのパフォーマンスを被説明変数とした重回帰分析を行った（**表6-8**）。

　分散分析のF値=4.735（$p=0.001$）であり，$p<0.01$となった。これは，重回帰式により説明できる被説明変数の変動が統計的検定によって確認することができることを意味しており，少なくとも1つの偏回帰係数は0ではない。回帰モデルの信頼性は高く，有効だといえる。

　そこで，分析結果を見てみると，「御社の商談は成功している」の標準偏回帰係数が0.818と有意となった（$p<0.01$）。そのため，商談が成功しているほど，オープン・イノベーションのパフォーマンスが上がるといえる。この因果関係は納得できよう。

表6-8　商談の認識に関する重回帰分析

| 質問項目 | 標準偏回帰係数 |
|---|---|
| 秘密保持契約を結ぶまでが難しい | -0.235 |
| 秘密保持契約を結んでからが難しい | -0.067 |
| 御社では，商談への意識が高い | -0.110 |
| 御社のなかに，商談のマニュアルが存在する | 0.108 |
| 御社のなかで，誰が商談を担当するかによって，結果が変わる | -0.022 |
| 製品が優れていれば，商談のレベルは関係ないと思う | 0.081 |
| 御社の商談はレベルが高い | -0.272 |
| 御社の商談は成功している | 0.818** |
| 自由度調整済決定係数 | 0.422 |
| F値 | 4.735** |

$^*p<0.05, \quad ^{**}p<0.01$

## 6-4-3　t検定

「オープン・イノベーション」変数の高低により，データを2つに分け，両者のデータ間で差があるのかどうかの t 検定を行った。高OI企業と低OI企業とに分けた t 検定の結果は，**表6-9**にまとめられる。

その結果，「御社の商談は成功している」では，高OI企業の平均値が3.60，低OI企業の平均値が2.75と有意な差が生じた。この結果から，商談が成功しているか否かで，オープン・イノベーションのパフォーマンスに差があることが分かる。つまり，商談の成功がオープン・イノベーションのパフォーマンスに影響を与えているといえる。これは前項の重回帰分析の結果と同じである。

「御社のなかで，誰が商談を担当するかによって，結果が変わる」でも，高OI企業の平均値が3.30，低OI企業の平均値が2.63と有意な差が生じた。第5章第4節で示したように，多くの企業において商談を行うのは代表取締役など経営幹部だが，高OI企業の方が，誰が商談を担当すべきかについて，その重要性を認識していることが分かる。

反対に，「秘密保持契約を結ぶまでが難しい」では，高OI企業の平均値が1.90，低OI企業の平均値が2.44と，高OI企業の方が有意に低い。第1項で回答企業全

体の平均値は2.24であり，低い数値であることを述べたが，高OI企業と低OI企業とでは難しさが異なるようだ。高OI企業の平均値は1.90とかなり低いため，商談の最初の壁となる秘密保持契約を結ぶことは，高OI企業にとって困難ではないようだ。

　興味深いのは，「製品が優れていれば，商談のレベルは関係ないと思う」に関してである。高OI企業の平均値が2.20，低OI企業の平均値が2.56と，低OI企業の方が有意に高い。これは，低OI企業の方が商談に対する重要視の度合いが相対的に低いということであり，「モノがピカピカであれば売れる」という認識につながる。しかし，先ほど述べたように，商談の成功がオープン・イノベーションのパフォーマンスに影響を与えるので，特に低OI企業は商談への意識を高めた方が良い。

表6-9　商談の認識に関する t 検定

| 質問項目 | 高OI（n=10） | | 低OI（n=16） | | t検定の結果 |
| --- | --- | --- | --- | --- | --- |
| | 平均 | 標準偏差 | 平均 | 標準偏差 | |
| 秘密保持契約を結ぶまでが難しい | 1.90 | 0.943 | 2.44 | 0.998 | * |
| 秘密保持契約を結んでからが難しい | 3.30 | 1.187 | 3.69 | 0.916 | |
| 御社では，商談への意識が高い | 3.80 | 1.327 | 3.50 | 1.000 | |
| 御社のなかに，商談のマニュアルが存在する | 1.50 | 0.500 | 1.63 | 0.781 | |
| 御社のなかで,誰が商談を担当するかによって,結果が変わる | 3.30 | 0.900 | 2.63 | 0.857 | * |
| 製品が優れていれば，商談のレベルは関係ないと思う | 2.20 | 1.249 | 2.56 | 0.933 | * |
| 御社の商談はレベルが高い | 3.00 | 1.183 | 2.94 | 0.428 | |
| 御社の商談は成功している | 3.60 | 1.114 | 2.75 | 0.559 | * |

$^{*}p<0.05, \;^{**}p<0.01$

# 6-5　御社の代表的な製品

## 6-5-1　平均・標準偏差・相関係数

　14個の質問項目の平均と標準偏差，相関係数は**表6-10**に示される。
　1番目の「相手にとって大きなメリットがある」から3番目の「他社の製品

表6-10　御社の代表的な製品に関する平均・標準偏差・相関係数

| 質問項目 | 平均 | 標準偏差 | 1 | 2 | 3 |
|---|---|---|---|---|---|
| 相手にとって大きなメリットがある | 4.14 | 0.899 | — | | |
| 御社の製品は非常に画期的である | 4.27 | 0.938 | 0.648** | — | |
| 他社の製品より明らかに優れている | 4.10 | 0.850 | 0.684** | 0.855** | — |
| 価値や魅力を，数値や図表などを使って明確に表現し易い | 3.41 | 1.168 | 0.221 | 0.522** | 0.451** |
| 最終製品化に向けて，相手は今後行うべきことをイメージし易い | 3.68 | 0.868 | 0.466** | 0.434** | 0.373* |
| 相手の企業によって，御社の製品の価値は変わる | 3.68 | 1.023 | 0.050 | 0.267 | 0.316* |
| 同じ相手企業でも，面談相手によって，御社の製品の価値は変わる | 3.34 | 1.073 | -0.102 | 0.103 | 0.204 |
| 同じ相手でも，相手の置かれる状況によって，製品の価値は変わる | 3.34 | 1.050 | -0.130 | 0.056 | 0.181 |
| 御社の製品の価値を，相手が理解できていないこともある | 2.90 | 1.078 | -0.136 | 0.219 | 0.197 |
| 相手は，御社の製品に関して，御社と同等の知識量がある | 2.41 | 0.987 | -0.068 | -0.199 | -0.194 |
| 御社の製品は，最終製品化までの時間が非常に重要である | 3.60 | 1.068 | 0.088 | 0.257 | 0.207 |
| 御社の製品は，知識・情報面での陳腐化が早い | 2.15 | 1.001 | -0.322* | -0.250 | -0.332* |
| 特許で守られているため，製品の中味を公開しても構わない | 2.76 | 1.143 | 0.082 | 0.038 | 0.050 |
| 御社の製品には，ライバル企業が少ない | 3.54 | 0.965 | -0.106 | -0.110 | -0.115 |

*$p<0.05$,　**$p<0.01$

| 4 | 5 | 6 | 7 | 8 | 9 | 10 | 11 | 12 | 13 | 14 |
|---|---|---|---|---|---|---|---|---|---|---|
| | | | | | | | | | | |
| | | | | | | | | | | |
| | | | | | | | | | | |
| — | | | | | | | | | | |
| 0.418** | — | | | | | | | | | |
| 0.130 | 0.189 | — | | | | | | | | |
| 0.004 | -0.198 | 0.565** | — | | | | | | | |
| -0.016 | -0.176 | 0.510** | 0.935** | — | | | | | | |
| 0.168 | -0.137 | 0.592** | 0.366* | 0.353* | — | | | | | |
| 0.084 | 0.097 | -0.160 | -0.180 | -0.113 | -0.122 | — | | | | |
| 0.187 | 0.288 | -0.050 | -0.203 | -0.229 | 0.202 | 0.315* | — | | | |
| 0.011 | -0.171 | 0.045 | 0.339* | 0.324* | -0.122 | -0.209 | -0.333* | — | | |
| -0.198 | 0.070 | 0.163 | -0.071 | -0.053 | 0.000 | -0.170 | -0.020 | 0.031 | — | |
| -0.149 | -0.116 | -0.321* | -0.059 | 0.060 | -0.238 | 0.413** | 0.221 | 0.081 | -0.141 | — |

より明らかに優れている」までの３つの質問項目は「新規性」の観測変数である。また，11番目の「御社の製品は，最終製品化までの時間が非常に重要である」と12番目の「御社の製品は，知識・情報面での陳腐化が早い」との２つの

質問項目は「時間」の観測変数である。そして，14番目の「御社の製品には，ライバル企業が少ない」は「競合の少なさ」の観測変数である。

「新規性」の３つの質問項目を見ると，「相手にとって大きなメリットがある」の平均値は4.14，「御社の製品は非常に画期的である」の平均値は4.27，「他社の製品より明らかに優れている」の平均値は4.10とどれも高く，回答企業は自社製品の新規性に自信を持っていることが分かる。

反対に，「相手は，御社の製品に関して，御社と同等の知識量がある」の平均値は2.41と低くなった。自社製品に関する売り手の知識量が，買い手の知識量より勝っているのは当然のことである。しかし，買い手の知識量が劣ったままでは，買い手は売り手の製品の価値を十分に評価することができないため，購入の意思決定をすることは容易ではない。製品の価値を正しく評価されないことが原因で，購入してもらえないことは避けたいため，商談の過程で，売り手は買い手の知識量を高めてやる必要がある。

## 6-5-2　重回帰分析

14個の質問項目を説明変数，オープン・イノベーションのパフォーマンスを被説明変数とした重回帰分析を行った（**表6-11**）。

しかし，分散分析のF値=0.795（$p$=0.666）であり，$p$>0.05となってしまった。回帰モデルの信頼性は低く，有効ではないといえる。そのため，重回帰分析の結果を用いることは適切ではない。

## 6-5-3　ｔ検定

「オープン・イノベーション」変数の高低により，データを２つに分け，両者のデータ間で差があるのかどうかのｔ検定を行った。高OI企業と低OI企業とに分けたｔ検定の結果は，**表6-12**にまとめられる。

その結果，「同じ相手企業でも，面談相手によって，御社の製品の価値は変わる」では，高OI企業の平均値が3.80，低OI企業の平均値が3.31と有意な差が生じた。同様に，「同じ相手でも，相手の置かれる状況によって，製品の価値

表6-11　御社の代表的な製品に関する重回帰分析

| 質問項目 | 標準偏回帰係数 |
|---|---|
| 相手にとって大きなメリットがある | 0.411 |
| 御社の製品は非常に画期的である | −0.482 |
| 他社の製品より明らかに優れている | −0.087 |
| 価値や魅力を，数値や図表などを使って明確に表現し易い | 0.494 |
| 最終製品化に向けて，相手は今後行うべきことをイメージし易い | −0.152 |
| 相手の企業によって，御社の製品の価値は変わる | 0.160 |
| 同じ相手企業でも，面談相手によって，御社の製品の価値は変わる | −0.650 |
| 同じ相手でも，相手の置かれる状況によって，製品の価値は変わる | 0.665 |
| 御社の製品の価値を，相手が理解できていないこともある | −0.303 |
| 相手は，御社の製品に関して，御社と同等の知識量がある | −0.313 |
| 御社の製品は，最終製品化までの時間が非常に重要である | 0.155 |
| 御社の製品は，知識・情報面での陳腐化が早い | 0.014 |
| 特許で守られているため，製品の中味を公開しても構わない | 0.196 |
| 御社の製品には，ライバル企業が少ない | −0.054 |
| 自由度調整済決定係数 | 0.079 |
| F値 | 0.795 |

$^{*}p<0.05, \ ^{**}p<0.01$

は変わる」でも，高OI企業の平均値が3.90，低OI企業の平均値が3.31と有意な差が生じた。製品となる候補物質とは知識製品であり，知識製品の特性の一つに文脈依存性がある。知識は，それを見る人によって価値が異なるし，同じ人物でもその人が置かれる状況や環境によって価値の大きさが変わる。そうした特性を，高OI企業の方が把握していることを，これらの数値から読み取ることができる。高OI企業は商談において，相手企業の誰に訴えかけるべきかを的確に判断していたり，商談の方法やタイミングなどに関して見極め，何らかの効果的な対策をとっていることが予想される。

　このことは，第4節第3項（98頁）で述べた，「御社のなかで，誰が商談を担当するかによって，結果が変わる」で高OI企業の方が有意に平均値が高くなった結果とも結びつく。高OI企業の方が，誰が知識製品の価値を伝えるか

によって，価値のどの側面をどのように伝えるかなど訴求ポイントが変わり，さらには伝える人の特性などからも，相手に伝わる内容が変わってくることを理解しているものと思われる。このように，知識製品の特性である文脈依存性によって，売り手と買い手の双方で誰が担当するのか，あるいはその組み合わせとなる売り手と買い手担当者との相性や関係性で知識製品の価値の大きさは変わったものになる。

表6-12　御社の代表的な製品に関する t 検定

| 質問項目 | 高OI (n=10) | | 低OI (n=16) | | t検定の結果 |
|---|---|---|---|---|---|
| | 平均 | 標準偏差 | 平均 | 標準偏差 | |
| 相手にとって大きなメリットがある | 4.40 | 0.917 | 4.13 | 0.927 | |
| 御社の製品は非常に画期的である | 4.50 | 0.671 | 4.38 | 0.992 | |
| 他社の製品より明らかに優れている | 4.50 | 0.500 | 4.19 | 0.950 | |
| 価値や魅力を，数値や図表などを使って明確に表現し易い | 3.80 | 1.166 | 3.19 | 1.236 | |
| 最終製品化に向けて，相手は今後行うべきことをイメージし易い | 3.70 | 1.100 | 3.81 | 0.634 | |
| 相手の企業によって，御社の製品の価値は変わる | 3.70 | 1.345 | 3.75 | 0.750 | |
| 同じ相手企業でも，面談相手によって，御社の製品の価値は変わる | 3.80 | 1.249 | 3.31 | 0.768 | * |
| 同じ相手でも，相手の置かれる状況によって，製品の価値は変わる | 3.90 | 1.221 | 3.31 | 0.682 | * |
| 御社の製品の価値を，相手が理解できていないこともある | 2.80 | 1.249 | 2.81 | 1.073 | |
| 相手は，御社の製品に関して，御社と同等の知識量がある | 2.30 | 0.900 | 2.50 | 1.000 | |
| 御社の製品は，最終製品化までの時間が非常に重要である | 3.30 | 1.418 | 3.33 | 0.789 | |
| 御社の製品は，知識・情報面での陳腐化が早い | 2.10 | 1.221 | 1.94 | 0.747 | |
| 特許で守られているため，製品の中味を公開しても構わない | 2.40 | 1.114 | 2.88 | 1.218 | |
| 御社の製品には，ライバル企業が少ない | 3.90 | 0.943 | 3.50 | 1.061 | |

*p<0.05, **p<0.01

## 6-6　御社のビジネス

### 6-6-1　平均・標準偏差・相関係数

　7個の質問項目の平均と標準偏差，相関係数は**表6-13**に示される。

　「御社の人脈は，国内で広い」の平均値は3.36であり，「御社の人脈は，海外で広い」の平均値は2.50となった。よって，多くの回答企業が国内企業との人

脈の方が多いことが分かる。これは第3節での質問「これまでの相手は，主に国内である」と「これまでの相手は，主に海外である」との結果と同じである（93頁）。

また，「資金的に余裕がある」の平均値は2.45と低いため，資金的に余裕のない企業が多いことが読み取れる。

表6-13　御社のビジネスに関する平均・標準偏差・相関係数

| 質問項目 | 平均 | 標準偏差 | 1 | 2 | 3 | 4 | 5 | 6 | 7 |
|---|---|---|---|---|---|---|---|---|---|
| 御社のビジネスの能力は高い | 3.31 | 0.913 | — | | | | | | |
| 御社の人脈は，国内で広い | 3.36 | 1.065 | 0.450** | — | | | | | |
| 御社の人脈は，海外で広い | 2.50 | 1.180 | 0.232 | 0.464** | — | | | | |
| 資金繰りの面から，製品を早く売りたい | 3.31 | 1.165 | -0.202 | 0.045 | 0.234 | — | | | |
| 資金的に余裕がある | 2.45 | 1.117 | -0.021 | 0.024 | -0.009 | -0.693** | — | | |
| 御社に対する投資家の関心は高いと思う | 3.26 | 1.025 | 0.270 | 0.198 | -0.010 | -0.108 | 0.042 | — | |
| 学術的に画期的な製品であれば，ビジネスとして成功すると思う | 2.69 | 1.225 | 0.341* | 0.140 | 0.058 | -0.267 | 0.068 | 0.084 | — |

$^{*}p<0.05$,　$^{**}p<0.01$

## 6-6-2　重回帰分析

7個の質問項目を説明変数，オープン・イノベーションのパフォーマンスを被説明変数とした重回帰分析を行った（**表6-14**）。

分散分析のF値=6.905（$p=0.001$）であり，$p<0.01$となった。これは，重回帰式により説明できる被説明変数の変動が統計的検定によって確認することができることを意味しており，少なくとも1つの偏回帰係数は0ではない。回帰モデルの信頼性は高く，有効だといえる。

そこで，分析結果を見てみると，「資金的に余裕がある」の標準偏回帰係数が0.660（$p<0.01$），「御社に対する投資家の関心は高いと思う」の標準偏回帰係数が0.233（$p<0.05$），「学術的に画期的な製品であれば，ビジネスとして成

功すると思う」の標準偏回帰係数が0.283（$p<0.05$）となった。なお，すべての VIF（Variance Inflation Factor：分散拡大係数）は２より小さいため（VIF<10），多重共線性の可能性は排除される。

　資金的に余裕があるというのは，他の製品でライセンシングの成功経験が既にあり，過去のライセンシングで得た利益から，資金的に余裕があるのかもしれない。ライセンシングの成功経験は企業の研究開発能力の高さや商談力の高さでもあるので，オープン・イノベーションのパフォーマンスを高めることにつながり易い。あるいは，助成金を得ていることが考えられるほか，投資家や製薬企業からの資金援助を受けていることも考えられる。投資家や製薬企業の関心が高いということは，候補物質の魅力が高いということである。それは，製品化への期待も高いということであり，オープン・イノベーションに結び付く可能性が高い。

　また，「学術的に画期的な製品であれば，ビジネスとして成功すると思う」が有意となったのは，商談よりも「モノがピカピカであれば売れる」といった認識を回答企業がやはり持っているといえる。

表6-14　御社のビジネスに関する重回帰分析

| 質問項目 | 標準偏回帰係数 |
|---|---|
| 御社のビジネスの能力は高い | 0.153 |
| 御社の人脈は，国内で広い | −0.059 |
| 御社の人脈は，海外で広い | 0.139 |
| 資金繰りの面から，製品を早く売りたい | 0.033 |
| 資金的に余裕がある | 0.660** |
| 御社に対する投資家の関心は高いと思う | 0.233* |
| 学術的に画期的な製品であれば，ビジネスとして成功すると思う | 0.283* |
| 自由度調整済決定係数 | 0.502 |
| Ｆ値 | 6.905** |

$^*p<0.05$, $^{**}p<0.01$

### 6-6-3　t検定

　「オープン・イノベーション」変数の高低により，データを２つに分け，両者のデータ間で差があるのかどうかのt検定を行った。高OI企業と低OI企業とに分けたt検定の結果は，**表6-15**にまとめられる。

　その結果，５つの質問項目で有意な差が生じた。１つめに，「御社のビジネスの能力は高い」では，高OI企業の平均値が3.70，低OI企業の平均値が3.06と有意な差が生じた。高OI企業の方が自社のビジネスの能力を高く評価しており，商談を含めたビジネスの能力が高いことが分かる。

　２つめに，「御社の人脈は，海外で広い」では，高OI企業の平均値が2.80，低OI企業の平均値が2.00と有意な差が生じた。国内だけでなく，海外にも視野を広げることは，商談やライセンシングの機会を広げることにつながる。有意な差が生じたものの，高OI企業も高い数値とはいえない。世界で新薬開発競争が激しくなっており，国境を越えたライセンシングが活発に行われているため，海外での人脈を広げることが，経営上の課題として指摘される。

　３つめに，「資金繰りの面から，製品を早く売りたい」では，高OI企業の平均値が2.90，低OI企業の平均値が3.63と，低OI企業の方が有意に高い。ここから，低OI企業の方が相対的に，資金繰りに困っていることが分かる。これは，４つめの「資金的に余裕がある」で，高OI企業の平均値が3.20，低OI企業の平均値が1.81と有意な差が生じたことと結びつく。低OI企業の平均値は1.81とかなり低いため，資金面で切迫している企業が多いこともうかがい知れる。筆者のこれまでのインタビュー調査においても，資金的に余裕が無いため，研究開発プロセスの次のステップに進めず，研究開発が止まっている企業があった。

　５つめの「御社に対する投資家の関心は高いと思う」では，高OI企業の平均値が3.00，低OI企業の平均値が3.44と有意な差が生じた。低OI企業の方が平均値が高くなったことは興味深い。あくまでも回答企業の認識であり，低OI企業の方が自社の製品に対して新規性が高いという自負があり，投資家から高い関心を得られていると思っているのかもしれない。

表6-15　御社のビジネスに関するt検定

| 質問項目 | 高OI（n=10） | | 低OI（n=16） | | t検定 の結果 |
|---|---|---|---|---|---|
| | 平均 | 標準偏差 | 平均 | 標準偏差 | |
| 御社のビジネスの能力は高い | 3.70 | 1.005 | 3.06 | 0.966 | * |
| 御社の人脈は，国内で広い | 3.40 | 1.200 | 3.38 | 1.053 | |
| 御社の人脈は，海外で広い | 2.80 | 1.249 | 2.00 | 1.000 | * |
| 資金繰りの面から，製品を早く売りたい | 2.90 | 1.300 | 3.63 | 1.053 | * |
| 資金的に余裕がある | 3.20 | 1.166 | 1.81 | 0.882 | * |
| 御社に対する投資家の関心は高いと思う | 3.00 | 1.183 | 3.44 | 0.864 | * |
| 学術的に画期的な製品であれば，ビジネスとして成功すると思う | 2.80 | 1.400 | 2.56 | 1.059 | |

$^*p<0.05,\ ^{**}p<0.01$

## 6-7　自由回答の内容

　質問票の最後に自由回答欄として「御社の商談（交渉）活動に関して，何か特徴がございましたら，ご記入頂ければ幸いです」と尋ねた。その結果，いくつかの興味深い回答を得ることができた。まずは，それらを列挙する。

・製薬企業のうちCNS（Central Nervous System：中枢神経系）領域に関心が高い企業が，自ら弊社に関心を持つ場合があり，商談が始まるケースがあります。外国人（英語ネイティブ）がいますので，海外との商談もスムーズです。
・できるだけ他社とは競争しない。
・自社製品を有用に使ってもらえる相手にしか販売しない。自社製品を使った論文が出るまで可能な限りサポートする。
・直接，エンドユーザーである研究者と会話する機会を多く設定することに努力している。その機会の場として，一般的な展示会ではなく，学術分野ごとの学会併設展示会において，ニーズの把握として顕在化されたもの以外に，潜在化しているものも発掘している。
・技術シーズがニーズに合致していることを確認したり，修正・追加した

りしている。

・商談前に先方の扱う生物の特徴を知るために論文を読むほか，DDBJ SRA（DNA Data Bank of Japan Sequence Read Archive：塩基配列データベースを構成するデータバンク）などの公共データベースから次世代シークエンスデータを取得し，解析して，場合によっては論文を書きます。

・第1に相手に関心をもってもらう（導出したい医薬開発品の紹介）。第2に導出入の技術。第3が条件。

・PhDを持った者による技術営業を行っている。

・大手企業はリスクをかけて新しい事業に踏み出す意欲に乏しい。

・製品を充分説明しても，相手企業内での説明が不足し，商談が成立しないことが多い。

・1つキーワードをお伝えするとすれば，特に製薬企業では，ゲートキーパーを把握し交渉することが大切だと考えます。話しをする相手を選ばなければ，いくら技術を説明しても，相手企業内で有効に情報や有用性が伝わらないし，広がりが限定されます。小生も，大手製薬企業においては，創薬研究部門のゲートキーパーを探し出し，出会う機会を上手く設定して，コミュニケーションを継続しています。その方法は，小生の重要なノウハウであるので開示できません。

・商社を仲介した販売では，技術，ノウハウ，そして秘密資料が競合他社へ流出するので，大学の窓口としての役割以外では行っていない。

・最近の大学では，社会人ドクターを多くかかえており，大学と企業の2つの立場を利用し，特に大手企業は技術調査をしている。中小企業，ベンチャーにとっては，大きなリスクで，客の顔をして技術を流用することがある。

　まず，「技術シーズがニーズに合致していることを確認したり，修正・追加したりしている」ことは創薬ベンチャーにとって重要であるが，それができな

い企業が多い。自社製品の新規性の追求に努めることで，顧客ニーズに対する意識が低かったり，そもそもニーズを入手する手段が乏しかったり，自社製品がニーズに対応できない状況に陥ってしまっていることもある。自社製品がニーズに合致していることを確認したり，修正，追加することは，まさに本研究の主張であり，創薬ベンチャーにとってきわめて重要な行為といえる。

　次に，自社に関する特徴も回答されているが，相手に関する指摘が興味深い。まず，「大手企業はリスクをかけて新しい事業に踏み出す意欲に乏しい」はリスク回避思考によるものである。大手企業では，従業員は失敗を恐れてアグレッシブな挑戦を避ける傾向にある。組織内における人事評価や昇進を考えると，失敗は大きなネガティブ要因となってしまう。そのため，あえて危険な挑戦をするよりも，できるだけミスの少ない業務に携わることを好むことは避けられない。

　「製品を充分説明しても，相手企業内での説明が不足し，商談が成立しないことが多い」の回答において，担当者の知識や理解が足りないと，彼らは社内で不十分な説明しかすることができない。その結果，製品の本来の魅力が相手企業内で伝わらず，社内の意思決定者たちがその製品の価値を過少に評価してしまうことがある。あるいは，上記のように，組織内の人事評価や昇進を考えると，意思決定プロセスの過程で，失敗のリスクのある商談がもみ消されてしまうことも考えられる。

　その意味で，相手企業内に，ライセンシングに前向きなゲートキーパーを見つけ出し，その人物と商談をすることは重要である。ゲートキーパーとは組織間における交渉や連絡を担当する境界連結担当者のことであり，交渉においてキーパーソンとなるだけでなく，相手企業内で自社製品の価値を伝達する役割でもある。そのため，相手企業のゲートキーパーには自社製品に関する知識を特に丁寧に伝え，十分に理解してもらわなければならない。そして，知識製品は文脈依存の性質であるため，商談において，ゲートキーパーが自社製品に対して良好な評価をしてくれるような仕掛けを売り手は考えなければならない。自社製品に対する評価はもちろんのこと，自社に対する評価や，自社の商談担

当者に対する評価も含めて，商談の成否に影響を与えることとなる。ゲートキーパーが自社や自社製品に対して好意的な評価をしてくれたとき，両者は良い関係性を構築することができ，信頼が生まれていくのである。

　さて，最後の2つの回答は，漏えいに関する内容である。商談においては秘密保持契約を結ぶが，それでも意図的でなくとも類似した製品が研究開発されてしまうことがある。2つの回答は相手との関係ではなく，商社や大学などの第三者が介在することで漏えいされてしまうケースである。直接的なライバル企業に対しては警戒するが，商社や大学だと気が緩んでしまいかねない。しかし，知識は無形であるため，漏えいや模倣は容易である。特に，大学発ベンチャーは漏えいに関する意識が低いこともあるので，意識を高めなければならない。


# 6-8　まとめ

　本章の第2節から第6節では，5段階のリッカート形式による質問票から，第5章と同様に，平均値・標準偏差・相関係数の算出，重回帰分析，t検定を行った。

　これまでに述べたように，サンプルとなる企業は『バイオベンチャー大全』に掲載されている企業であり，ある程度の実績や注目の知識製品を有している企業である。そのため，創薬ベンチャー全体から見れば，企業業績が相対的に良く，オープン・イノベーションに結びつきやすい企業群である。とはいうものの，現状においてライセンシング（オープン・イノベーション）の件数は十分な数ではなく，創薬ベンチャーが希望するだけのライセンシング（オープン・イノベーション）を実行することはできていない。t検定において，高OI企業と低OI企業とで分けて分析することで，いくつかの興味深い差が明らかとなり，ライセンシング（オープン・イノベーション）の活性化に関して経営上のインプリケーションを示すことができる。

　まず，高OI企業の方が，相手にとってのメリットを提案できている。自社

製品の特性や価値を伝える際には，プッシュ型のプレゼンテーションではなく，相手の立場に立って，相手にとってのメリットを提案できていることが重要である。相手にとってのメリットを提案することは，顧客志向であり，商談におけるコミュニケーションの鍵となる。これは本研究で導出した，オープン・イノベーションにおけるコミュニケーションの重要性と一致する。

　商談のコミュニケーションにおいて，相手にとってのメリットを提案できている方が，相手の十分な反応を得ることができ，相手の信頼を得ることもできる。そうした関係において，主体的に商談を進めることも可能となる。その結果，自社の商談に自信を持つことができ，結果として商談を成功に導きやすい。商談の成功はオープン・イノベーションのパフォーマンスにプラスの影響を与えていることが本研究で示された。商談の成功は，ライセンシングの実績となり，利益を得ることから，資金的余裕にもつながり，企業は次の研究開発を円滑に始めることが可能になる。

　一方，低OI企業は，商談への意識が低く，高OI企業との差は明らかだった。もっといえば，商談におけるコミュニケーションへの意識が低い。製品がピカピカであれば，買い手が勝手に評価してくれると思いがちだが，売り手と買い手との間には製品に関する知識量格差が存在するため，買い手は製品の価値を適切に評価することができず，購入には及び腰となってしまう。コミュニケーションにおいて相手に知識を提供しながら，相手にとってのメリットを提案するとともに，相手のニーズを聞き出す工夫が必要である。相手のニーズとは，主に，相手が懸念する副作用に関するデータである。懸念があるままでは，相手は購入の意思決定をすることは絶対にない。

　もう１つ，高OI企業の方が知識製品の文脈依存性の性格を理解していることが分かった。同じ相手企業でも，面談の相手によって，自社製品の価値の評価は変わるだろうし，同じ相手でも，相手の置かれる状況によって，自社製品の価値の評価は変わる。さらには，自社のなかで，誰が商談を担当するかによって，自社製品の価値の伝え方は変わる。両者の相性や関係性によっても価値は異なる。そのため，相手企業のゲートキーパーとなる人物を意識しつつ，誰が

誰にどのように伝えるべきかといったコミュニケーションのあり方，方法，タイミングを戦略的に考えていくことが必要である。

　さらに，高OI企業にも低OI企業にも共通していえる経営上のインプリケーションは，海外へ視野を向けることである。高OI企業の方が海外での人脈は広いが，高OI企業においても，これまでの取引相手は主に国内企業であることが調査から明らかとなった。たしかに，一部の創薬ベンチャーは海外企業とのライセンシングに成功しているが，その数は少ない。海外の買い手の方がライセンシングに積極的な企業が多いため，海外へ視野を向けることはライセンシングの可能性を高めることとなる。

# 第 7 章

# 買い手が知識を探す場合の商談

## 7-1 はじめに

　本研究はこれまで，売り手が買い手を探す場合を対象としてきた。これに対して，この章では補論として買い手が知識製品を探す場合を扱う。オープン・イノベーションの分類でいえば，売り手が買い手を探す場合はアウトバウンド型であるのに対し，買い手が知識製品を探す場合はインバウンド型といえる。創薬の場で，後者のケースにドラッグ・リポジショニングという企業行動がある。ドラッグ・リポジショニングにおいて，商談は非常に容易となる。そこで，この章ではドラッグ・リポジショニング戦略をとっている創薬ベンチャーのノーベルファーマ株式会社（以下，「ノーベルファーマ」と表記）を事例とし[20]，その戦略行動をまとめた後，商談上の利点について考察していく[21]。

---

20　近年，新薬開発行動におけるドラッグ・リポジショニングへの注目が高まっている。たとえば，大日本住友製薬によって販売されているゾニサミドは抗てんかん薬として販売されていたが，パーキンソン病にも効果があることが分かった。そうした発見の多くは偶然であり，企業戦略というほどのものではない。これに対し，ノーベルファーマは企業戦略の中心にドラッグ・リポジショニングを据えている。また，新型コロナウイルス感染症治療薬の開発においても，時間を重視することから，一から開発するのではなく，既に上市済みの薬や開発中止の物質を転用するドラッグ・リポジショニングの試みが行われている。

21　本章作成において，ノーベルファーマ株式会社代表取締役社長塩村 仁氏と，常務執行役員管理本部長菅谷 勉氏には，大学同窓のご縁からインタビューや資料提供などで特別にご配慮していただいた。なお，菅谷氏の肩書きはインタビュー当時のものであり，現在は相談役である。

## 7-2 ノーベルファーマの新薬開発行動

　ノーベルファーマは2003（平成15）年に設立され，2018（平成30）年には105億6,800万円の売上高となっており，**表7-1**を見ると，2008（平成20）年頃から売上を伸ばしていることが分かる。製薬企業の売上は新薬の発売に左右されるため，**表7-2**で確認すると，ノーベルファーマにおける最初の新薬発売は2008（平成20）年であり，同年から売上が伸びていることと結びつく。

### 表7-1　ノーベルファーマの売上高推移

（単位：百万円）

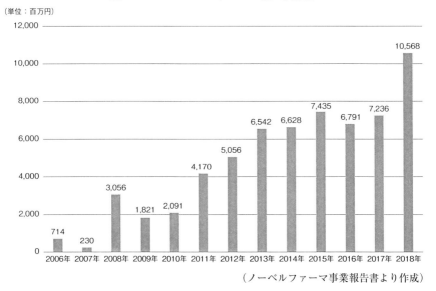

（ノーベルファーマ事業報告書より作成）

　**表7-2**によると，2008（平成20）年4月に，最初の新薬となるウィルソン病治療薬「ノベルジン」を[22]，同年7月に子宮内膜症に伴う月経困難症を適応

---

22　ウィルソン病とは，日常の食事で摂取された銅が肝臓から胆汁中，腸管中に正常に排出されず，肝臓や脳，腎臓などに多量に蓄積し重い障害を引き起こす病気である。この発症率は3〜4万人に1人とされ，日本国内には1,500人ほどの患者しかいない（一橋大学HQ編集部編，2016）。

表7-2　ノーベルファーマの新薬開発製品

| | 開発製品名 | 販売開始年月 | 効能・効果 | 導入元 |
|---|---|---|---|---|
| 1 | ノベルジン | 2008年 4月 | ウィルソン病 | テバ社 |
| 2 | ルナベルLD | 2008年 7月 | 月経困難症 | ヤンセン社 |
| 3 | ノーベルバール | 2008年12月 | 新生児けいれん，てんかん重積状態 | 自社開発（香川大学） |
| 4 | ホストイン | 2012年 1月 | てんかん重積状態，術後てんかん発作発現抑制等 | ファイザー社 |
| 5 | ギリアデル | 2013年 1月 | 悪性神経膠腫 | エーザイ社 |
| 6 | インダシン | 2013年 1月 | 未熟児動脈管開存症 | ルンドベック社 |
| 7 | コスメゲン | 2013年 1月 | ウイルムス腫瘍／絨毛上皮腫，小児悪性固形腫瘍等 | ルンドベック社 |
| 8 | ルナベルULD | 2013年 9月 | 月経困難症 | ヤンセン社 |
| 9 | ユニタルク | 2013年12月 | 悪性胸水の再貯留抑制 | ノバテック社 |
| 10 | レスピア | 2014年12月 | 未熟児無呼吸発作 | ベーリンガーインゲルハイム社 |
| 11 | ラパリムス | 2014年12月 | リンパ脈管筋腫症 | ファイザー社 |
| 12 | ザノサー | 2015年 2月 | 膵・消化管神経内分泌腫瘍 | ケオシト社 |
| 13 | ノベルジン | 2017年 3月 | 低亜鉛血症 | 自社開発 |
| 14 | ラパリムス | 2018年 6月 | 結節硬化症に伴う皮膚病変 | 自社開発（大阪大学） |
| 15 | ジェミーナ | 2018年10月 | 月経困難症 | 自社開発 |
| 16 | リティンパ | 2019年12月 | 鼓膜穿孔 | 医療イノベーション推進センター，科研製薬 |

（ノーベルファーマHPより作成）

にした「ルナベルLD」と[23]，12月に新生児けいれん及びてんかん重積状態を適応にした「ノーベルバール」と[24]，3品目もの医薬品を発売させたことが分かる。大手製薬企業ですら，毎年新薬を発売させることは困難であるなか，年間

---

23　子宮内膜症とは，子宮腔にだけ存在するはずの子宮内膜組織が，本来はないはずのところに増殖してしまう疾患であり，10〜60歳の女性における受療率は1,000人中2.98人である（ノーベルファーマHP）。

24　生まれてから，特に7日間程度の期間に起こるけいれんを新生児けいれんと呼び，1,000人中2.6〜4.4人の割合で発症する（ノーベルファーマHP）。

に３品目を発売させることはきわめて珍しい。それどころか，ノーベルファーマは2013（平成25）年には「ギリアデル」，「インダシン」，「コスメゲン」，「ルナベルULD」，「ユニタルク」と５つもの新薬を発売した[25]。１年間に５つの新薬発売は驚異的だが，その翌年の2014（平成26）年以降もほぼ毎年新薬を発売し続けており，このようなコンスタントな新薬の発売は他に類を見ない。

　最初に開発された「ルナベルLD」はもともと経口避妊薬（ピル）の「オーソM-21」と「オーソ777-21」としてジョンソン・エンド・ジョンソン・グループのオーソ・マクニール社（米国）が開発したものである。日本では，ヤンセン・ファーマ社（当時はヤンセン協和株式会社）が1999（平成11）年に低用量経口避妊薬として承認を取得，2017（平成29）年１月に至るまで販売を続けていた。ルナベルには，女性ホルモンの成分であるエストロゲンやプロゲステロンが含まれているため，ホルモン製剤として月経困難症や子宮内膜症に効果があるのではという予測が専門家の間であった。そうした暗黙知をノーベルファーマは吸い上げ，創薬の仮説として捉え，ヤンセン・ファーマ社からノルエチステロン・エチニルエストラジオール錠（オーソM-21とオーソ777-21の一般名，つまり成分名）を導入した。そして，適応症を子宮内膜症に伴う月経困難症に定め，その有効性を確認する臨床試験データを揃え，2008（平成20）年に「ルナベルLD」として製品化させたのである。

　表７-２において，自社開発品は４品目存在するが，13番目の「ノベルジン」と14番目の「ラパリムス」は他社からライセンシング・イン（導入）して別の適応（その薬がどういった疾患に効果があるかということ）に応用していた化合物を，さらに別の適応に応用させたものであるため，実際の自社開発品は「ノーベルバール」と「ジェミーナ」の２品目である[26]。他の品目は他社からライセンス・イン（導入）したものである。これは，先のルナベルの例に示され

<hr>

25　「ルナベルULD」は，既存の「ルナベルLD」より，エチニルエストラジオール含量を0.035mgから0.02mgへと大幅に低用量化させることで，重篤な副作用の発現をさらに低減させることが可能となった。このルナベルULDは既存薬ルナベルLDとは異なる新機能，低用量医薬品として承認されている。

るように，既に別の適応で上市されている薬に目をつけ，新たな適応をターゲットにした薬を開発するということであり，ここにノーベルファーマの戦略的特徴がある。既に上市されている薬であれば，新薬発売のための承認がなされており，言い換えれば，安全性の問題がクリアにされているということである。薬の場合，人体に直接影響を及ぼすため，副作用が懸念され，安全性を証明できる膨大なデータを揃える必要がある。この作業に長期の期間と多額の資金を要することが，新薬開発の大きな課題となっている。既に上市されている薬であれば，安全性が証明されているため，この作業を省くことができ，新たな適応に関する有効性のみを証明すれば良いということになる。この効果は**表7-3**の数値にはっきり表れている。

　**図2-1**（11頁）を見ると，臨床試験に要する平均的な年数は3年から7年だが，3年で終えるケースはきわめて少なく，実際には5年以上を要する。一方，ノーベルファーマの臨床試験期間は平均で29.45カ月，つまり2年半ほどの期間でしかなく，かなり短期間で臨床試験を成功させていることは明らかである。もっといえば，新薬の開発は臨床試験の前に，探索研究と前臨床試験とがあり，**図2-1**を見ると，探索研究では2年から4年，前臨床試験では3年から5年かかるというのが一般的である。そして，探索研究と前臨床試験とを終えると，物質特許を取得する。既に物質特許が取得された既存薬を用いれば，探索研究と前臨床試験とを省略することができ，それらに要する5年から10年ほどの期間も省略することができる。

　さて，ノーベルファーマが開発する医薬品はオーファン・ドラッグ（希少疾病用医薬品）と呼ばれるものが多い。オーファン・ドラッグとは，国内であれば対象患者が5万人以下と患者数が少ない疾患に対する医薬品である。代替の

---

26　「ノーベルバール」の一般名（成分名）はフェノバルビタールナトリウムであり，これは久光製薬が1981（昭和56）年に販売を開始したルピアール（睡眠・鎮静・抗けいれん剤）である。特許期間が終了しているため，ライセンシングの必要が無く，自社開発品と分類される。また，「ジェミーナ」は，エストロゲン（卵胞ホルモン）の低用量化エチニルエストラジオールにプロゲスチン（黄体ホルモン）のレボノルゲストレルを配合した低用量エストロゲン・プロゲスチン製剤である。つまり，既存の薬剤に別の既存の薬剤を配合したものであり，一から開発された薬ではない。

表7-3　ノーベルファーマの臨床試験期間

| 製品名 | 開発期間（月） |
|---|---|
| ノベルジン | 21 |
| ルナベル（LD） | 39 |
| ノーベルバール | 24 |
| ホストイン | 24 |
| ギリアデル | 32 |
| アラベル | 27 |
| ルナベルULD | 40 |
| ユニタルク | 42 |
| レスピア | 28 |
| ラパリムス | 16 |
| ザノサー | 31 |
| 平均 | 29.45 |

（単位：月）

（出所）ノーベルファーマ提供資料より作成

医薬品や治療方法が無く，治療するうえでその必要性が高い医薬品であるため，アンメット・メディカル・ニーズに該当する。そのため，アメリカでは1983（昭和58）年のオーファン・ドラッグ法制定により，開発に大きなメリットが付与され，日本でも税制上の優遇や助成金の支給が行われている。なぜ，オーファン・ドラッグの開発に法整備が整えられているかというと，患者数が少ないからといって，研究開発に要する期間や資金は変わらないため，企業の開発する意欲が喪失してしまうからである。言い換えれば，患者数が少ないため，せっかく開発をしても，売上が期待できず，投資に見合った利益を確保することは難しい。そのため，多くの製薬会社は開発に参入しない傾向にあるため，競争相手が少ないニッチな市場といえる。

　2017（平成29）年に条件付き早期承認制度が施行されたことも，オーファン・ドラッグの開発に大きなメリットとなっている。オーファン・ドラッグは患者数が少ないため，臨床試験のサンプルを集めることが難しく，特に大規模なサンプルを集める必要のあるフェーズ3の大きな障壁となっている。この制

度により，臨床試験のフェーズ2を終了したら，新薬の承認申請ができ，フェーズ3は市販後調査の段階でできるようになった（新薬の研究開発プロセスは11頁の**図2-1**を参照）。これにより，フェーズ3に要する2年から3年の開発期間と40億円ほどの開発資金を省略（後回しに）することができると業界内で評価されている。さらに，審査は優先されるため，審査期間が数カ月間短縮される。こうしたこともあり，最近ではオーファン・ドラッグに目を向ける製薬企業も出てきたが，研究開発や販売の方法が通常の医薬品と異なるため，大手製薬企業が参入することは依然難しい。

## 7-3　ドラッグ・リポジショニングの利点

　オーファン・ドラッグは患者の総数が少ないため，1つの新薬から得られる利益が少なく，できるだけ開発コストを削減したい。そこで，ノーベルファーマでは，既に他社が上市済の薬から別の適応を見つけて新たな薬効を生み出すことが行われており，これはドラッグ・リポジショニングと呼ばれている。ドラッグ・リポジショニングとは既存薬Aの成分，つまり物質特許$a$を，視点を変えて別の適応の新薬Bとして開発することであり（**図7-1**），もともとは経口避妊薬（ピル）だった月経困難症「ルナベル」など，ノーベルファーマの開発品の多くが該当する。

　オーファン・ドラッグの場合，低コストに抑えたいため，できるだけ開発期

**図7-1　ドラッグ・リポジショニングの概要**

間を短くし，企業体力をかけたくない。また，新薬開発は開発途中で失敗に終わることが圧倒的に多いが，製品化できないとなると，それまでに費やした多大な労力や資金，時間などが埋没コストとなってしまう。そのため，確実に製品化したい。他社で上市済みの薬であれば，その開発過程で安全性がクリアにされているため，新たな適応の有効性のみを証明すれば良いことになる。つまり，探索研究や前臨床試験などを省略することができ，臨床試験から開始すれば良い。探索研究や前臨床試験で要する期間と資金を省くことで，かなりのコストを圧縮することができる。創薬ベンチャーの場合，探索研究や前臨床試験でコストが膨らみ，資金難から臨床試験を完了させることができず，開発を中断するケースが多いことを踏まえると，探索研究や前臨床試験を省略できるメリットはきわめて大きい。

　探索研究や前臨床試験を省略して臨床試験から行うことは，言い換えれば，R&D（研究開発）のR（研究：探索研究と前臨床試験）を切り捨て，D（開発：臨床試験）に特化することであり，それにより社内で研究所を保有する必要がなくなる。というのも，われわれが想像する白衣を着た研究者が顕微鏡を覗き込んだり，薬剤を使い試験管を振って実験する光景は探索研究や前臨床試験のものであり，臨床試験は治験に協力する医療機関で行われるため，研究所は必ずしも必要ではない。この持たざる経営により，多額のコストをカットできるのはいうまでもない。

　ドラッグ・リポジショニングの利点として，上記で「開発期間の短縮化」と「コストの大幅な削減」を指摘できたが，それ以外にも「成功確率のアップ」と「継続的な成功体験の蓄積が組織にもたらす効果」を指摘することができる。**表2-4**（13頁）の新薬開発の成功確率を見ると，探索研究から前臨床試験に進めることのできる確率は4,277分の1（=146/624,482，2013年から2017年）であり，前臨床試験から臨床試験への確率2.25分の1（=65/146）や，臨床試験から承認申請への確率2.71分の1（=24/65）と比べて圧倒的に低い。よって，探索研究をパスすることができれば成功確率は格段に上がるのである。つまり，ドラッグ・リポジショニングで臨床試験から始めることにより，成功確率の

アップが期待できる。また，探索研究に従事する研究員の場合，極端にいうと，新薬開発に結び付く候補物質を十年，二十年と見つけられないことも多い。それよりも，製品化にコンスタントに関与できた方が従業員の士気が上がるのはいうまでもない。継続的な成功体験の蓄積により，従業員の仕事に対する満足，情熱，自信，さらには向上心などが高められると，組織全体に活気が生まれるなど大きな効果を及ぼすことになる。もちろん，商談などのプロモーションの質も高められることとなる。

# 7-4　ドラッグ・リポジショニングにおける商談

　ドラッグ・リポジショニングにおける商談は容易である。

　新薬の開発行動において，企業は探索研究と前臨床試験を経て，新薬になりそうな候補物質を見つけ出し，その物質特許を取得する。その後，企業は臨床試験を行わなければならないため，特許申請の際には，他社にヒントを与えないような工夫が施される。そのため，特許取得により，情報が公開されたとしても，他社にはよく分からないことが多い。臨床試験を終えて，新薬として発売されたときに，薬剤と適応，さらには作用機序（物質が身体のタンパク質に効果を及ぼす仕組み，メカニズムのこと）などが明らかとなるが，そうして発売された新薬が別の疾患でも作用することが分かったときに，ノーベルファーマは開発企業とライセンシング契約を結び，その化合物をライセンス・イン（導入）することとなる。

　商談においては，まず秘密保持契約を結ぶこととなるが，既に安全性が確認済みのため，副作用の懸念に関する情報は必要なく，化合物の取引のやり取りとなる。つまり，暗黙知は必要ではなく，形式知の移転となる。形式知の移転には粘着性がないため（von Hippel, 1994），移転は容易である。候補物質を売買する商談において，第4章や第5章では買い手にとってのリスクが少ないこと（副作用の懸念がないこと），製品化への確率が高いことが重要であった。そして，買い手は売り手自身や売り手の製品のことをよく知らないうえ，リス

クを懸念することから，ライセンシングに及び腰となり易いことが示された。

　これに対して，ドラッグ・リポジショニングでは既に販売中の薬であるため，化合物の物性や安定性に問題がなく，副作用のリスクが少ないことも明らかである。そのうえ，既存薬が別の疾患にも効くことは購入前に現象として観察することができるため，製品化への確率は高く，臨床試験の開発プランも立て易い。リスクや製品化への確率を心配する必要がないため，ノーベルファーマの商談は自信を持って臨むことができる。また，売り手は化合物をライセンス・アウト（供与）しても，現在販売している薬を今後も販売し続けることが可能であり，化合物の専有権を手渡してしまうわけではない。つまり，売り手にとってのデメリットはなく，商談に積極的となることができる。両者にとってメリットがあるため，商談は前向きに進み，短期間に契約が締結されることとなる。要するに，第4章と第5章の候補物質のライセンシングと，本章のドラッグ・リポジショニングとでは，不確実性が高いかどうかと，専有権が移転がするかどうかが大きく異なり，商談の容易さに影響を与えることとなる[27]。

　もう一つ，アウトバウンド型では売り手である創薬ベンチャーが顧客を見つけ出し，セールス・プロモーションを行うことが商談のスタートだった。ターゲット顧客が明確に定まっていないと，自社の知識製品がどのように活用されるかを予測することは難しく，製品の価値を十分に訴求することは難しい。これに対し，このドラッグ・リポジショニング，つまりインバウンド型では買い手が売り手である製薬企業に連絡を取り，商談を始める。買い手が取引対象の化合物の価値を認識し，その化合物を欲しがって，自らアクションを起こしていることが，商談が容易に進む大きな要因である。

　商談は容易だが，難しいのは別の疾患にも効く化合物を見つけることである。ノーベルファーマでは戦略企画本部を設け，そのスタッフが情報収集と評価を行っている。その目利きには従業員のこれまでの経験が大きく効いている。と

---

27　Arora and Gambardella（2010）によると，技術の価値に関する不確実性が高いことにより，技術の市場の発展が妨げられる。ドラッグ・リポジショニングでは化合物の価値に関する不確実性が低いため，ライセンシングが行われやすく，市場が発展する可能性がある。

いうのも，同社には大手製薬企業で新薬の承認取得経験を有するベテランの社員が多い。その経験のなかで，情報収集源となる幅広い人脈も構築できている。また，MR（Medical Representative：医薬情報担当者）の活動にも大きな違いがある。新薬開発プロセスは上市して終了ではなく，上市後に重篤な副作用があるかどうかの情報を集めなければならない。そこで，製薬企業の営業職にあたるMRは，新薬の売り込みに加え，納品後に顧客である医療機関に出向き，医師から副作用情報を継続的に集めることが訪問の中心となる。一方，ノーベルファーマでは，副作用の懸念は低いため，副作用情報の収集に敏感になる必要はない。医師から「オーソは女性ホルモンの成分であるエストロゲンやプロゲステロンが含まれるので，ホルモン製剤として月経困難症や子宮内膜症に効果があるのでは」といった暗黙知を集めることが情報収集の中心となる。企業戦略としてドラッグ・リポジショニングに特化しているため，MRと医師とのコミュニケーションにおいて，こうしたアンテナを常に張り巡らせ，新薬開発のヒントを得られやすいよう努めている。

# 7-5　オープン・イノベーションの視点からの考察

　ドラッグ・リポジショニングをオープン・イノベーションの視点から捉えると，ライセンス・イン（導入）の形態である。とはいえ，ドラッグ・リポジショニングは，製薬企業で多く実践されている一般的なライセンス・イン（導入）とはその内容が異なり，両者の違いは**図7-2**にまとめられる。

　まず，製薬産業で広く実践されているライセンス・イン（導入）とは，新薬となりそうな候補物質を創薬ベンチャーから購入し，それ以降の開発プロセスを製薬企業が担うことである。特許権の売買に伴い，開発専有権が移転することとなる。この取引が実行されるきっかけは，創薬ベンチャーからのセールス・プロモーションが発端となることが多い。創薬ベンチャーはそもそも開発プロセスに耐えられるだけの企業体力を持ち合わせていないので，開発プロセスの途中段階でライセンス・アウト（供与）することにより，資金化し利益を

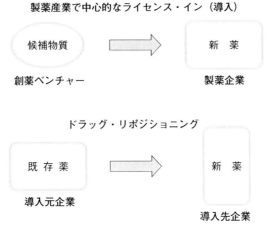

図7-2　ライセンス・インとドラッグ・リポジショニング

製薬産業で中心的なライセンス・イン（導入）

候補物質 → 新薬

創薬ベンチャー　　　　製薬企業

ドラッグ・リポジショニング

既存薬 → 新薬

導入元企業

導入先企業

獲得することを目指している。そして，買い手にとってこの取引の目的は，新薬開発のスピードアップと成功確率を高めることにある。

　一方，ドラッグ・リポジショニングとは，他の製薬企業が既に上市している既存薬の中から，別の疾患でも効きそうなものを見つけ出し，新たな適応を対象とした新薬を開発することである。導入元企業（売り手）は既存薬の専有権を失うわけではない。導入元企業（売り手）は既に製品化している既存薬が販売できなくなるわけではないので，損失がなく，ライセンス・アウト（供与）することで収益をさらに獲得することができる。この取引が実行されるきっかけは，導入先企業（買い手）が新薬に使えそうな既存薬を見つけることから始まる。導入先企業（買い手）にとってのこの取引の目的は，安全性が既に保証されている薬を別の疾患に転用することで，成功確率を高めることに加え，開発期間の短縮化と開発資金の削減を図ることにある。つまり，多額の研究開発費を投入して，成功確率の低い新薬開発に努める従来の一攫千金型のビジネス・モデルとは大きく異なる。

　さらにいえば，ドラッグ・リポジショニングでは，創薬ベンチャーが買い手となることもできる。図7-2の上図のライセンス・イン（導入）においても，

臨床試験は医療機関で行われることもあり，専門の施設を持たなくても良いことから，創薬ベンチャーが買い手となることもできる。しかし，ライセンス・イン（導入）における候補物質の購入とその後の臨床試験に多大な資金を要することや，大手製薬企業がライバルとなることから，日本では創薬ベンチャーが買い手となることは少ない（欧米では創薬ベンチャーが買い手となることもある）。一方，ドラッグ・リポジショニングにおいても条件は同じだが，オーファン・ドラッグを対象とすることにより，大手製薬企業は参入しにくい状況にあり，創薬ベンチャーでも買い手となることができる。とはいえ，現状においてはノーベルファーマ以外に企業戦略としてドラッグ・リポジショニングを行う創薬ベンチャーはほとんどいない。

## 7-6　まとめ

これまでに述べたように，ドラッグ・リポジショニングにおいて，売り手との商談は容易となる。なぜなら，新薬の開発において重要な安全性が既に証明されているからである。第4章や第5章で述べてきたように，買い手が副作用を懸念して，リスク回避的な行動をとることにより，ライセンシングは困難であった。しかし，安全性が既に証明されているとならば，その懸念は生じない。今回のケースでは，新たな適応の有効性を買い手は商談前に確認することができ，有効性への懸念もない。つまり，ライセンシングの商談において，新薬開発で大きな課題となる有効性と安全性への懸念が取り除かれることになる。残るのは，金額などの条件のみの交渉となる。売り手にとっては自社製品の販売権を失うわけではないので，もともとの売上はそのままで，何も自助努力することなく，その上にライセンス・アウト（供与）の収益を上積みできることとなる。それは企業として喜ばしいことである。買い手は取引対象の化合物を欲しがって，自らアクションを起こしているため，ライセンシングの交渉はまとまり易い。

ノーベルファーマの新薬開発とは，化合物を創り出したり，適応に作用する

候補物質をうまく見つけ出すといった研究所内の実験ではなく，ヒトの営業的な活動が果たす役割が大きい。それは，ドラッグ・リポジショニングができそうな暗黙知的な情報をうまく入手することであり，商談は困難ではなく，コミュニケーションにおける顧客ニーズの把握や対応も必要ではない。

　従来の研究開発スタイルと比べて，ドラッグ・リポジショニングは特例ともいえるが，インバウンド型のオープン・イノベーションは，アウトバウンド型に比べて容易であることが確認できる。特に，ドラッグ・リポジショニングでは，商談におけるコミュニケーションが容易である。

# 終 章

# ライセンシング契約の締結に
# むけて
## ——むすびにかえて

　ベンチャー企業にとって，製品開発のすべてに従事することはヒトやカネの経営資源の面から難しいため，ある業務，たとえば研究開発の川上といった部分に特化することのできるオープン・イノベーションは有効な経営手段といえる。企業規模など有形の経営資源の面では大企業に適わないが，知識といった無形の経営資源に関して，ある特定領域の知識に限定すればベンチャー企業の方が勝ることができる。特に，創薬の場合，研究開発に長期の期間と多額の資金を必要とするため，創薬ベンチャーは基礎研究や探索研究に特化している。特化した部分に関して，知識の価値が高ければ，企業としての強みになるため，規模の小さいベンチャー企業でもオープン・イノベーションの担い手になることができるはずである。しかし，現状を見ると，これまでの主体は買い手である大企業にあり，ライセンシングが売り手であるベンチャー企業の思うようには進まない状況にあることが多い。

　そこで，本研究は，創薬ベンチャーが知識製品を売ろうとするとき，そもそもプロモーションは必要なのか，そして必要な場合，どのようにプロモーションを行っていけば良いのだろうかといった問題意識のもと調査を行った。創薬ベンチャーが知識製品を売却する行為はライセンシングであり，アウトバウンド型のオープン・イノベーションといえる。そこで，オープン・イノベーションのパフォーマンスを高める要因を明らかにするために，売り手である創薬ベンチャーや買い手となる製薬企業へのインタビューによる定性的な調査と，創

薬ベンチャーの経営者を対象とした質問票による定量的な調査を行った。

　これまでのオープン・イノベーション研究は，ライセンシングのようなアウトバウンド型の先行研究が少なく，その要因にコミュニケーションが取り上げられることはなかった。これに対して，本研究はアウトバウンド型を対象とし，オープン・イノベーションにおけるコミュニケーションの重要性を指摘することができた。コミュニケーションはオープン・イノベーションに直接的にも影響を及ぼすが，それ以上に，コミュニケーションは顧客志向を媒介として，オープン・イノベーションを高めることが分かった。オープン・イノベーション研究ではコミュニケーションなどマーケティングの要素はほとんど着目されていないため，コミュニケーションやマーケティングの重要性を指摘する本研究はある一定の意義があると思われる。

　新薬の開発において証明すべきは候補物質の有効性と安全性であり，創薬ベンチャーは新薬のイノベーティブな効果（効き目）を示さないと研究を続ける意義がなくなってしまう。また，買い手に，候補物質に対して関心を持ってもらう際に，有効性は新薬開発のための魅力を訴求しやすいので，特に有効性を重視する傾向にある。買い手にとっても，確かに有効性は新薬の承認を得るために必要であるが，その候補物質を購入した後，製品化することができるかどうかが企業戦略として重要であり，副作用に関する安全性への意識はきわめて高い。薬の場合，意図していなかったところで副作用が出ることも多いため，買い手は，安全性に関するさまざまなデータを欲しがる傾向にある。買い手が要求するデータを聞き出すこと，あるいは何に懸念を抱いているのかを把握することが商談では重要となる。また，懸念事項は評価する人によって異なるため，買い手企業の担当者それぞれの懸念を聞き出し，それらに1つ1つ丁寧に対応することが望ましい。そのため，商談の前に，あれもこれもとデータを揃える必要はなく，商談において相手が欲しいデータを聞き出すこと，そしてそのデータを次回の商談までにしっかりと揃えることが重要なのである。こうした商談を何度か繰り返すうち，買い手が懸念を払しょくするデータができあがり，買い手は自分が必要とするデータのみをじっくりと吟味することが可能と

なる。これは，創薬ベンチャーの多くの経営者が認識する「商談は売り込みの場である」とは大きく異なる。

　候補物質のような知識製品の場合，最終的に製品化するまでにいくつかの方向性が考えられることが多いため，売り手としてはたくさんのデータを揃え，完璧だと思ってから商談に挑みがちである。商談のチャンスが少ない企業は，なおさらそうした傾向に陥ってしまいかねない。しかし，そうしたデータには買い手にとって不必要なものも多く，かつ，有効性に関するデータに偏重してしまいがちでもある。それよりも，基本的なデータ，たとえば有効性と安全性に関する核となるデータを揃えたら，まずは商談に挑み，相手が欲しいデータを尋ねる姿勢となることが望まれる。その方が，相手が欲しいデータをピンポイントに揃えることができるのはいうまでもない。先にデータを完璧に準備してから商談する方式では，全部を見せて，あとは買い手に評価してもらうという，1回きりの商談となってしまうが，相手の欲しいデータを聞き出し揃える方式では，複数回の商談を前提とする。つまり，商談は1回で終わらず，次回につながることを意味する。こうした顧客志向に結びつくコミュニケーションを重ねることで，ライセンシング契約を締結することが可能となっていくのである。

　商談では，コミュニケーションにより，顧客のニーズを知って，データを追加し，製品を軌道修正し，再構築することが必要である。この製品の追加・修正・再構築は，候補物質が知識製品であるからこそ，有効となる。知識製品は，見る人・使う人によってその価値や懸念事項が異なる文脈依存の性質であるため，製品を全部揃えてから見せるのではなく，相手とのコミュニケーションを通じて，相手にとって価値のあるもの，完璧なものに仕立てていくものといえる。また，知識製品は累積性という，知識を積み上げていく性質であることも，データを付け加えていくスタイルの商談を可能にするのである。

　本研究は，オープン・イノベーションとしてのライセンシング契約を締結するには，プロモーションにおける商談が重要であり，顧客志向を意識したコミュニケーションが重要となることを議論してきた。そして，経営上のインプ

リーションとして，商談の意識を高めること，相手にとってのメリットを提案することことと，そして，誰が誰にどのように伝えるべきかといったコミュニケーションのあり方，方法，タイミングを戦略的に考えていくことが指摘される。

　最後に，本研究の限界と今後の研究課題について言及したい。

　本研究の限界の１つめは，第４章のインタビューで国内の取引に限定したことである。創薬ベンチャーのなかには，国内よりも海外の製薬企業に向けてライセンシングを行っている企業もある。そのため，本研究では買い手である海外の製薬企業に対してインタビューを試みた。しかし，インタビューの承諾が得られなかったり，丁寧に対応してくれたものの，インタビューに広報が対応し，公に公表されている話ししか聞くことができなかった。よって，海外企業とのライセンシングをインタビューの対象から外して，国内だけのライセンシングに限定せざるを得なかった。そして，第５章の質問票では，創薬ベンチャーの買い手が国内なのか，あるいは海外なのかで分けることなく，調査を進めた。質問票の質問項目「これまでの相手は，主に国内である」の回答の平均値は4.10で，「これまでの相手は，主に海外である」の回答の平均値は2.50だったため，現状として，創薬ベンチャーの多くは国内の買い手の比重の方が高いといえる。よって，第４章で国内の製薬企業をインタビューの対象としたことは妥当だといえるが，今後は海外にも目を向ける必要がある。

　そこで，海外の製薬企業とのライセンシングに着目することが，今後の研究課題の１つめとなる。海外の企業が相手となれば，コミュニケーションの重要性はより高まると思われるが，その一方，必要とされるコミュニケーション能力は，国内の企業を相手にする場合と異なることが予想される。商談のチャンスが少なくなると思われるため，そうした制約のなかで，どのようなプロモーション活動が必要となるのか，さらにはどのようなコミュニケーション戦略を構築していくべきなのかを調査していきたい。

　次に，本研究の限界の２つめは，知識製品として，新薬開発の候補物質に限定したことである。新薬開発は，他製品の研究開発と比べると，長期の期間と多額の資金，低い成功確率など特徴的ともいえる。とはいえ，候補物質は代表

的な知識製品であり，議論の散漫を防ぐため，本研究は候補物質に限定した。

　今後の研究課題の2つめは，候補物質以外の知識製品に着目して，本研究で得た結論が他の知識製品においてもいえるのかどうかを確認したい。創薬ベンチャーは究極の技術志向型企業であり，他の技術志向型企業でも同じ結論となることが予想される。それでは，技術とは関係ない知識製品ではどうだろうか。

　以上のように，研究の対象範囲を拡大していくことで，議論の一般化を検討することが可能となる。

# 【参考文献】

［欧文］

Aaboen, L., P. Lindelöf, C. von Koch, and H. Löfsten (2006), "Corporate Governance and Performance of Small High-tech Firms in Sweden," *Technovation*, Vol.26, No.8, pp.955-968.

Allarakhia, M. and S. Walsh (2011), "Managing Knowledge Assets under Conditions of Radical Change: The Case of the Pharmaceutical Industry," *Technovation*, Vol.31, No.2/3, pp.105-117.

Arora, A. and A. Fosfuri (2003), "Licensing the Market for Technology," *Journal of Economic Behavior and Organization*, Vol.52, pp.277-295.

Arora, A., A. Fosfuri, and A. Gambardella (2001), *Markets for Technology: The Economics of Innovation and Corporate Strategy*, Cambridge, MA: MIT Press.

Arora, A. and A. Gambardella (2010), "Ideas for Rent: An Overview of Markets for Technology," *Industrial and Corporate Change*, Vol.19, No.3, pp.775-803.

Axelrod, R. M. (1984), *The Evolution of Cooperation*, New York: Basic Books（松田裕之訳『つきあい方の科学』ミネルヴァ書房，1998年）.

Bianchi, M., A. Cavaliere, D. Chiaroni, F. Frattini, and V. Chiesa (2011), "Organisational Modes for Open Innovation in the Bio-pharmaceutical Industry: An Exploratory Analysis," *Technovation*, Vol.31, No.1, pp.22-33.

Bidault, F. and W.A. Fischer (1994), "Technology Transactions: Networks over Markets," *R&D Management*, Vol.24, No.4, pp.373-386.

Bosworth, D.L. and C. Jacobs (1989), "Management Attitudes, Behavior, and Abilities as Barriers to Growth," in J. Barber, J.S. Metcalfe, and M. Porteous (Eds.), *Barriers to Growth in Small Firms* (pp.20-38), London: Routledge.

Breschi, S. and F. Lissoni (2001), "Knowledge Spillovers and Local Innovation System: A Critical Survey," *Industrial and Corporate Change*, Vol.10, No.4, pp.975-1005.

Chesbrough, H. (2003), *Open Innovation: The New Imperative for Creating and Profiting from Technology*, Boston, MA: Harvard Business School Press（大前恵一朗訳『OPEN INNOVATION―ハーバード流イノベーション戦略のすべて―』産能大学出版部，2004年）.

Chesbrough, H. (2006), *Open Business Models: How to Thrive in the New Innovation Landscape*, Boston, MA: Harvard Business School Press（栗原 潔訳『オープンビジネスモデル―知財競争時代のイノベーション―』翔泳社，2007年）.

Chesbrough, H. and M. Bogers (2014), "Explicating Open Innovation: Clarifying an Emerging Paradigm for Understanding Innovation," in Chesbrough, H., W. Vanhaverbeke, and J. West (Eds.), *New Frontiers in Open Innovation* (pp.3-28), Oxford: Oxford University Press.

Chesbrough, H. and A.K. Crowther (2006), "Beyond High Tech: Early Adopters of Open Innovation in Other Industries," *R&D Management*, Vol.36, No.3, pp.229-236.

Chesbrough, H., W. Vanhaverbeke, and J. West (2006), *Open Innovation: Researching a New Paradigm*, Oxford: Oxford University Press（長尾高弘訳『オープンイノベーション

—組織を越えたネットワークが成長を加速する—』英治出版, 2008年).

Cohen, W.M. and D.A. Levinthal (1989), "Innovation and Learning: The Two Faces of R&D," *The Economic Journal*, Vol.99, No.397, pp.569-596.

Cohen, W.M. and D.A. Levinthal (1990), "Absorptive Capacity: A New Perspective on Learning and Innovation," *Administrative Science Quarterly*, Vol.35, No.1, pp.128-152.

Cohen, W.M., R.C. Levin, and D.C. Mowery (1987), "Firm Size and R&D Intensity: A Re-Examination," *Journal of Industrial Economics*, Vol.35, No.4, pp.543-565.

Conger, J.A. (1998), "The Necessary Art of Persuasion," *Harvard Business Review*, Vol.76, No.3, pp.84-95.

Dahlander, L. and D.M. Gann (2010), "How Open Is Innovation?" *Research Policy*, Vol.39, No.6, pp.699-709.

Das, T.K. and B.S. Teng (1998), "Between Trust and Control: Developing Confidence in Partner Cooperation in Alliances," *The Academy of Management Review*, Vol.23, No.3, pp.491-512.

DiMasi, J.A., R.W. Hansen, and H.G. Grabowski (2003), "The Price of Innovation: New Estimates of Drug Development Costs," *Journal of Health Economics*, Vol.22, No.2, pp.151-185.

Doz, Y.L. (1996), "The Evaluation of Cooperation in Strategic Alliances: Initial Conditions or Learning Processes?" *Strategic Management Journal*, Vol.17, Special Issue, pp.55-83.

Dyer, J.H. and W. Chu (2000), "The Determinants of Trust in Supplier-Automaker Relationships in the U.S., Japan, and Korea," *Journal of International Business Studies*, Vol.31, No.2, pp.259-285.

Edmondson, A.C. (2011), "Strategies for Learning from Failure," *Harvard Business Review*, Vol.89, No.4, pp.48-55.

Elsbach, K.D. (2003), "How to Pitch a Brilliant Idea," *Harvard Business Review*, Vol.81, No.9, pp.117-123.

Enkel, E., O. Gassman, and H. Chesbrough (2009), "Open R&D and Open Innovation: Exploring the Phenomenon," *R&D Management*, Vol.39, No.4, pp.311-316.

Felin, T. and T.R. Zenger (2014), "Closed or Open Innovation? Problem Solving and the Governance Choice," *Research Policy*, Vol.43, No.5, pp.914-925.

Ford, D. and R. Thomas (1997), "Technology Strategy in Networks," *International Journal of Technology Management*, Vol.14, No.6-8, pp.596-612.

Freel, M.S. (2000), "Barriers to Product Innovation in Small Manufacturing Firms," *International Small Business Journal*, Vol.18, No.2, pp.60-80.

Gambaedella, A., P. Giuri, and A. Luzzi (2007), "The Market for Patents in Europe," *Research Policy*, Vol.36, No.8, pp.1163-1183.

Gassmann, O. (2006), "Opening up the Innovation Process: Towards an Agenda," *R&D Management*, Vol.36, No.3, pp.223-228.

Gassman, O., E. Enkel, and H. Chesbrough (2010), "The Future of Open Innovation," *R&D Management*, Vol.40, No.3, pp.213-221.

Gassman, O., G. Reepmeyer, and M. von Zedtwitz (2008), *Leading Pharmaceutical*

*Innovation: Trends and Drivers for Growth in the Pharmaceutical Industry*, Berlin Heidelberg: Springer.

Gould, R.V. (2002), "The Origins of Status Hierarchies: A Formal Theory and Empirical Test," *American Journal of Sociology*, Vol.107, No.5, pp.1143-1178.

Grigoriou, K. and F.T. Rothaermel (2017), "Organizing for Knowledge Generation: Internal Knowledge Networks and the Contingent Effect of External Knowledge Sourcing," *Strategic Management Journal*, Vol.38, No.2, pp.395-414.

Grindley, P.C. and D.J. Teece (1997), "Managing Intellectual Capital: Licensing and Cross-Licensing in Semiconductors and Electronics," *California Management Review*, Vol.39, No.2, pp.8-41.

Helfat, C.E., S. Finkelstein, W. Mitchell, M. Peteraf, H. Singh, D. Teece, and S. Winter (2007), *Dynamic Capabilities: Understanding Strategic Change in Organizations*, Malden, MA: Blackwell.

Helfat, C.E. and J.B. Quinn (2006), "Review: Open Innovation: The New Imperative for Creating and Profiting from Technology by Henry Chesbrough," *Academy of Management Perspectives*, Vol.20, No.2, pp.86-88.

Hoegl, M. and S.M. Wagner (2005), "Buyer-Supplier Collaboration in Product Development Projects," *Journal of Management*, Vol.31, No.4, pp.530-548.

Hu, Y., P. McNamara, and D. McLoughlin (2015), "Outbound Open Innovation in Bio-pharmaceutical Out-licensing," *Technovation*, Vol.35, pp.46-58.

Hughes, B. and J. Wareham (2010), "Knowledge Arbitrage in Global Pharma: A Synthetic View of Absorptive Capacity and Open Innovation," *R&D Management*, Vol. 40, No.3, pp.324-343.

Jaramillo, F., D.M. Ladik, G.W. Marshall, and J.P. Mulki (2007), "A Meta-analysis of the Relationship between Sales Orientation-customer Orientation (SOCO) and Salesperson Job Performance," *Journal of Business and Industrial Marketing*, Vol.22, No.5, pp.302-310.

Jensen, M. and A. Roy (2008), "Staging Exchange Partner Choices: When Do Status and Reputation Matter?" *Academy of Management Journal*, Vol.51, No.3, pp.495-516.

Kakati, M. (2003), "Success Criteria in High-tech New Ventures," *Technovation*, Vol.23, No.5, pp.447-457.

Kani, M. and K. Motohashi (2012), "Understanding the Technology Market for Patents: New Insights from a Licensing Survey of Japanese Firms," *Research Policy*, Vol.41, No. 1, pp.226-235.

Katz, R., and T.J. Allen (1982), "Investigating the Not Invented Here (NIH) Syndrome: A Look at the Performance, Tenure, and Communication Patterns of 50 R&D Project Groups," *R&D Management*, Vol.12, No.1, pp.7-20.

Kneller, R. (2003), "Autarkic Drug Discovery in Japanese Pharmaceutical Companies: Insights into National Differences in Industrial Innovation," *Research Policy*, Vol.32, No.10, pp.1805-1827.

Laursen, K. and A.J. Salter (2006), "Open for Innovation: The Role of Openness in Explaining Innovation Performance among U.K. Manufacturing Firms," *Strategic*

*Management Journal*, Vol.27, No.2, pp131-150.

Laursen, K. and A.J. Salter (2014), "The Paradox of Openness: Appropriability, External Search and Collaboration," *Research Policy*, Vol.43, No.5, pp.867-878.

Levitas, E. and M.A. McFadyen (2009), "Managing Liquidity in Research-intensive Firms: Signaling and Cash Flow Effects of Patents and Alliance Activities," *Strategic Management Journal*, Vol.30, No.6, pp.659-678.

Lhuillery, S. and E. Pfister (2009), "R&D Cooperation and Failures in Innovation Projects: Empirical Evidence from French CIS Data," *Research Policy*, Vol.38, No.1, pp.45-57.

Lichtenthaler, U. (2007), "The Drivers of Technology Licensing: An Industry Comparison," *California Management Review*, Vol.49, No.4, pp.67-89.

Lichtenthaler, U. (2008), "Open Innovation in Practice: An Analysis of Strategic Approaches to Technology Transactions," *IEEE Transactions on Engineering Management*, Vol.55, No.1, pp.148-157.

Lichtenthaler, U. (2009), "Outbound Open Innovation and Its Effect on Firm Performance: Examining Environmental Influences," *R&D Management*, Vol.39, No.4, pp.317-330.

March, J.G. (1991), "Exploration and Exploitation in Organizational Learning," *Organization Science*, Vol.2, No.1, pp.71-87.

March, J.G. and H.A. Simon (1993), *Organizations 2nd ed.*, Oxford: Blackwell Publishing.

Mazzola, E., M. Bruccoleri, and G. Perrone (2012), "The Effect of Inbound, Outbound and Coupled Innovation on Performance," *International Journal of Innovation Management*, Vol.16, No.6, pp.1-27.

McCarthy, E.J. (1960), *Basic Marketing: A Managerial Approach*, Homewood, IL: Richard D. Irwin (粟屋義純監訳『ベーシック・マーケティング』東京教学社, 1978年).

Mortara, L. and T. Minshall (2011), "How Do Large Multinational Companies Implement Open Innovation?" *Technovation*, Vol.31, No.10/11, pp.586-597.

Motohashi, K. (2008), "Licensing or not Licensing? An Empirical Analysis of the Strategic Use of Patents by Japanese Firms," *Research Policy*, Vol.37, No.9, pp.1548-1555.

Nonaka, I. (1994), "A Dynamic Theory of Organizational Knowledge Creation," *Organization Science*, Vol.5, No.1, pp.14-37.

Oakey, R. (1991), "Innovation and the Management of Marketing in High Technology Small Firms," *Journal of Marketing Management*, Vol.7, No.4, pp.343-356.

Paul, S.M., D.S. Mytelka, C.T. Dunwiddie, C.C. Persinger, B.H. Munos, S.R. Lindborg, and A.L. Schacht (2010), "How to Improve R&D Productivity: The Pharmaceutical Industry's Grand Challenge," *Nature Reviews Drug Discovery*, Vol.9, pp. 203-214.

Pisano, G.P. (2006), *Science Business*, Boston, MA: Harvard Business School Press (池村千秋訳『サイエンス・ビジネスの挑戦』日経BP社, 2008年).

Podolny, J.M. and T.E. Stuart (1995), "A Role-Based Ecology of Technological Change," *American Journal of Sociology*, Vol.100, No.5, pp.1224-1260.

Rigby, D. and C. Zook (2002), "Open-market Innovation," *Harvard Business Review*, Vol.80, No.10, pp.80-93.

Roper, S., P. Vahter, and J.H. Love (2013), "Externalities of Openness in Innovation,"

*Research Policy*, Vol.42, No.9, pp.1544-1554.

Schumpeter, J.A. (1934), *The Theory of Economic Development: An Inquiry into Profits, Capital, Credit, Interest, and the Business Cycle*, Cambridge, MA: Harvard University Press（塩野谷祐一・中山伊知郎・東畑精一訳『経済発展の理論——企業者利潤・資本・信用・利子および景気の回転に関する一研究（上・下）』岩波書店，1977年）.

Smith, K.G., S.J. Carroll, and S.J. Ashford (1995), "Intra- and Interorganizational Cooperation," *The Academy of Management Journal*, Vol.38, No.1, pp.7-23.

Stuart, T.E., S.Z. Ozdemir, and W.W. Ding (2007), "Vertical Alliance Networks: The case of University-biotechnology-pharmaceutical Alliance Chains," *Research Policy*, Vol.36, No.4, pp.477-498.

Su, P. and P. McNamara (2012), "Exploration and Exploitation within and across Intra-organizational Domains and their Reactions to Firm-level Failure," *Technology Analysis and Strategic Management*, Vol.24, No.2, pp.129-149.

Teece, D.J. (2000), *Managing Intellectual Capital: Organizational, Strategic, and Policy Dimensions*, Oxford: Oxford University Press.

Teece, D.J. (2008), *Technological Know-How, Organizational Capabilities, and Strategic Management: Business Strategy and Enterprise Development in Competitive Environments*, Singapore: World Scientific.

Teece, D.J. (2009), *Dynamic Capabilities and Strategic Management: Organizing for Innovation and Growth*, Oxford: Oxford University Press（谷口和弘・蜂巣 旭・川西章弘・ステラSチェン訳『ダイナミック・ケイパビリティ戦略——イノベーションを創発し，成長を加速させる力』ダイヤモンド社，2013年）.

Tran, Y., J. Hsuan, and V. Mahnke (2011), "How Do Innovation Intermediaries Add Value? Insight from New Product Development in Fashion Markets," *R&D Management*, Vol.41, No.1, pp.80-91.

Utterback, J.M. (1996), *Mastering the Dynamics of Innovation*, Boston, MA : Harvard Business School Press（大津正和・小川 進訳『イノベーション・ダイナミクス——事例から学ぶ技術戦略』有斐閣，1998年）.

Uzzi, B (1997), "Social Structure and Competition in Interfirm Networks: The Paradox of Embeddedness," *Administrative Science Quarterly*, Vol.42, No.1, pp.35-67.

van de Vrande, V., J.P.J. de Jong, W. Vanhaverbeke, and M. de Rochemont (2009), "Open Innovation in SMEs: Trends, Motives and Management Challenges," *Technovation*, Vol.29, No.6/7, pp.423-437.

von Hippel, E. (1994), "'Sticky Information' and the Locus of Problem Solving: Implications for Innovation," *Management Science*, Vol.40, No.4, pp.429-439.

West, J. (2006), "Does Appropriability Enable or Retard Open Innovation?" in H. Chesbrough, W. Vanhaverbeke, and J. West (Eds.), *Open Innovation: Researching a New paradigm* (pp.109-133), Oxford: Oxford University Press.

West, J. and M. Bogers (2014), "Leveraging External Sources of Innovation: A Review of Research on Open Innovation," *Journal of Product Innovation Management*, Vol.31, No.4, pp.814-831.

Williams G.A. and R.B. Miller（2002），"Change the Way You Persuade," *Harvard Business Review*, Vol.80, No.5, pp.64-73.

Zack, M.H.（1999），"Managing Codified Knowledge," *Sloan Management Review*, Vol.40, No.4, pp.45-58.

Zahra, S.A. and G. George（2002），"Absorptive Capacity: A Review, Reconceptualization, and Extension," *Academy of Management Review*, Vol.27, No.2, pp.185-203.

［和文］

石井淳蔵（2012）『営業をマネジメントする』岩波書店.

稲村雄大（2018）「創業チームにおけるビジネス人材の役割」『アカデミック・イノベーション：産学連携とスタートアップス創出』渡部孝編，白桃書房，pp.105-128.

小田切宏之（2006）『バイオテクノロジーの経済学―「越境するバイオ」のための制度と戦略』東洋経済新報社.

小田切宏之（2007）「医薬品産業におけるアライアンス―全国イノベーション調査結果による研究」『医療と社会』第17巻第1号，pp.3-18.

金間大介・西川浩平（2017）「アウトバウンド型オープン・イノベーションの促進要因」『組織科学』第51巻第2号，pp.74-89.

岸志津江・田中 洋・嶋村和恵（2017）『現代広告論〔第3版〕』有斐閣アルマ.

経済産業省製造産業局（2010）「バイオ・イノベーション研究会報告書」.

榊原清則（2005）『イノベーションの収益化―技術経営の課題と分析』有斐閣.

酒向真理（1998）「日本のサプライヤー関係における信頼の役割」『サプライヤー・システム―新しい企業間関係を創る』藤本隆宏・西口敏宏・伊藤秀史編，有斐閣，pp.91-118.

澤田直宏・中村 洋・浅川和宏（2010）「オープン・イノベーションの成立条件―本社の経営政策および研究所の研究開発プロセスと研究開発パフォーマンスの観点から―」『研究技術 計画』第25巻第1号，pp.55-67.

高鳥登志郎（2009）「製薬企業と創薬ベンチャーとのアライアンス―国際比較にみるアライアンスの特色―」『政策研ニュース』医薬産業政策研究所，第27号，pp.9-12.

武石 彰（2003）『分業と競争―競争優位のアウトソーシング・マネジメント』有斐閣.

冨田健司（2010）「日米製薬企業の戦略的提携における信頼構築―新薬開発の探索研究に着目して―」『組織科学』第43巻第3号，pp.18-32.

冨田健司（2014）「経営学視点による新薬開発の概要」『同志社商学』第65巻第6号，pp.178-194.

長尾剛司（2009）『よくわかる医薬品業界』日本実業出版社.

長洲毅志（2012）「創薬研究のための化合物管理システム―情報化運営の課題とその対応―」『赤門マネジメント・レビュー』第11巻第11号，pp.757-766.

中西和子・立本博文（2018）「製薬産業における産学共同研究の実証分析：産学共同研究は企業にとって良い選択か」『組織科学』第52巻第1号，pp.18-31.

中村 洋・浅川和宏（2004）「企業のR&D活動における外部ナレッジの有効活用と最適外部依存度―製薬・バイオ産業における分析」『組織科学』第37巻第3号，pp.53-65.

日経バイオテク編（2017）『バイオベンチャー大全2017-2018』日経BP社.

日経バイオテク編（2019）『バイオベンチャー大全2019-2020』日経BP社.

西村秀隆（2015）「バイオベンチャーへの期待と課題」『化学経済』第62巻第11号，pp.12-17.

野口　實（2003）『よくわかる医薬品業界』日本実業出版社.

野中郁次郎（2002）「企業の知識ベース理論の構想」『組織科学』第36巻第1号，pp.4-13.

野中郁次郎・竹内弘高（1996）『知識創造企業』東洋経済新報社.

延岡健太郎・真鍋誠司（2000）「組織間学習における関係的信頼の役割：日本自動車産業の事例」『経済経営研究』神戸大学経済経営研究所，第50号，pp.125-144.

野部　剛・小松弘明・生稲史彦（2018）「現場から見た日本企業の営業」『一橋ビジネスレビュー』第66巻第3号，pp.6-19.

一橋大学HQ編集部編（2016）「ノーベルファーマ株式会社代表取締役社長 塩村 仁氏」『HQ』Vol.49, pp.44-49.

真鍋誠司（2002）「企業間協調における信頼とパワーの効果—日本自動車産業の事例—」『組織科学』第36巻第1号，pp.80-94.

真鍋誠司・安本雅典（2010）「オープン・イノベーションの諸相—文献サーベイ—」『研究 技術 計画』第25巻第1号，pp.8-35.

元橋一之（2009）『日本のバイオイノベーション—オープンイノベーションの進展と医薬品産業の課題』白桃書房.

米倉誠一郎・星野雄介（2015）「オープン・イノベーションとは？」『オープン・イノベーションのマネジメント：高い経営成果を生む仕組みづくり』米倉誠一郎・清水　洋編，有斐閣，pp.3-34.

和久津尚彦（2015）「長い開発期間，高い開発費用を乗り越える」『オープン・イノベーションのマネジメント：高い経営成果を生む仕組みづくり』米倉誠一郎・清水　洋編，有斐閣，pp.233-255.


『一橋ビジネスレビュー』2018年，第66巻第3号，pp.156-163.

『Monthlyミクス 2019年版』2019年，ミクス.

『薬事ハンドブック2019』2019年，じほう.


ノーベルファーマ株式会社　https://www.nobelpharma.co.jp/index.html（2020年1月24日閲覧）

経済産業省「平成30年企業活動基本調査確報—平成29年度実績—」https://www.meti.go.jp/statistics/tyo/kikatu/result-2/h30kakuho/pdf/h30_allgaikyou.pdf（2019年12月28日閲覧）

厚生労働省「平成30年薬事工業生産動態統計年報」https://www.mhlw.go.jp/topics/yakuji/2018/nenpo/（2019年12月28日閲覧）

日本製薬工業協会 DATABOOK2019　http://www.jpma.or.jp/about/issue/gratis/databook/2019/index.html（2019年12月30日閲覧）

# 【索　　引】

【著者紹介】

冨田健司（とみた　けんじ）

同志社大学商学部教授
愛知県生まれ。1994年一橋大学商学部卒業，東海銀行（現三菱UFJ銀行）に勤め，一橋大学大学院商学研究科修士課程修了，東京大学大学院総合文化研究科より博士（学術）を取得。
1998年公益財団法人医療科学研究所研究員，2000年早稲田大学ビジネススクール助手，2002年早稲田大学大学院商学研究科博士後期課程単位取得。2002年静岡大学人文学部経済学科専任講師，2004年助教授。コロンビア大学客員研究員，ボストン大学客員研究員等を経て，2008年同志社大学商学部准教授。2013年より現職。2018年から2020年までブリティッシュコロンビア大学客員教授。

創薬ベンチャーに学ぶプロモーション戦略
──オープン・イノベーションにおけるコミュニケーション

2021年3月20日　第1版第1刷発行
2024年8月5日　第1版第2刷発行

著　者　冨　田　健　司
発行者　山　本　　　継
発行所　㈱中　央　経　済　社
発売元　㈱中央経済グループ
　　　　パブリッシング

〒101-0051　東京都千代田区神田神保町1-35
電話　03（3293）3371（編集代表）
　　　03（3293）3381（営業代表）
https://www.chuokeizai.co.jp
印刷・製本／㈱デジタルパブリッシングサービス

© 2021
Printed in Japan

# 知識 マーケティング

**冨田　健司**〔著〕

- A 5 判／228頁
- ISBN：978-4-502-15941-1

「知識」そのものをどうやって取引してどのようにプロモーションするのかを考察。目に見えないなど知識特有の問題点を克服するために新たなマーケティング理論を展開する。

## ◆本書の主な内容◆

中央経済社